FINANCE AND TRADE

系列教材

网店开设与
运营实战教程

慕课版

陆锡都 赵婷

主编

谢显能 农琴玉

副主编

人民邮电出版社
北京

图书在版编目（CIP）数据

网店开设与运营实战教程：慕课版 / 陆锡都，赵婷主编. -- 北京：人民邮电出版社，2022.6
中等职业教育改革创新系列教材
ISBN 978-7-115-59111-1

Ⅰ. ①网… Ⅱ. ①陆… ②赵… Ⅲ. ①网店-商业经营-中等专业学校-教材 Ⅳ. ①F713.365.2

中国版本图书馆CIP数据核字(2022)第058551号

内 容 提 要

本书系统地介绍了网店开设与运营的知识，包括开设网店、采编商品信息并发布商品、装修网店、开展营销活动、站内推广网店、站外推广网店、订单处理及发货、分析运营数据并管理网店运营团队等。本书内容全面、结构清晰、实用性强，主要通过各种任务来讲解相关知识，符合中等职业学校学生的学习习惯和学习需求。

本书可以作为中等职业学校电子商务专业相关课程的教材，也可供有志于学习网店运营相关知识的人士学习、参考。

◆ 主　　编　陆锡都　赵　婷
　　副 主 编　谢显能　农琴玉
　　责任编辑　侯潇雨
　　责任印制　王　郁　彭志环

◆ 人民邮电出版社出版发行　　北京市丰台区成寿寺路 11 号
　　邮编　100164　电子邮件　315@ptpress.com.cn
　　网址　https://www.ptpress.com.cn
　　北京天宇星印刷厂印刷

◆ 开本：787×1092　1/16
　　印张：14.5　　　　　　　　　　2022 年 6 月第 1 版
　　字数：252 千字　　　　　　　　2022 年 6 月北京第 1 次印刷

定价：42.00 元

读者服务热线：(010)81055256　印装质量热线：(010)81055316
反盗版热线：(010)81055315
广告经营许可证：京东市监广登字 20170147 号

前　言

2021年3月发布的《教育部办公厅关于做好2021年中等职业学校招生工作的通知》明确指出，坚持把发展中职教育作为普及高中阶段教育和建设中国特色现代职业教育体系的重要基础，保持高中阶段教育职普比大体相当。

为提升中等职业教育电子商务专业教学水平，满足教师教学需求，我们从中职学生未来可能任职的各个技能岗位出发，编写了本书。本书以实操的方式介绍了网店开设与运营的相关理论知识和操作技能。本书具有以下特点。

1　采用项目任务式结构

本书采用项目任务式结构，符合中职教育对中职技能型人才的培养要求和国家对教材改革的要求，具体体现如下。

- 流程清晰。本书以线下宠物食品/用品店"彼一叻"开设网店为背景，一步步讲解运营网店的各项操作技能，流程清晰，能够帮助学生了解网店运营的完整工作内容，给予学生职业工作内容上的指导。
- 任务明确。每个项目都通过"情境创设"给出具体的任务要求，并对任务进行分解，每个任务通过"任务描述"明确为什么要完成该任务，以及如何完成，再通过"任务实施"中的各项活动完成任务。
- 步骤连贯。本书内容步骤清晰、连贯，且配有说明性图示，可以帮助学生清楚地了解任务完成过程中的每个步骤，并按照步骤完成任务。
- 重视实操。本书简化了理论知识，将重点放在实际操作上，以引导学生按操作步骤进行实操。同时，书中还设置了"动手做"小栏目，能活跃课堂氛围，增强学生自主学习的能力。

2.　情境带入，生动有趣

本书通过引入职场工作中的实际场景展开各项目教学主题，让学生了解相关知识在实际工作中的应用情况。书中设置的角色如下。

公司：北京特讯商务运营有限公司成立于2021年，集商务咨询、网店代运营、新媒体营销与运营等业务于一身，能够为中小企业提供一站式的信息咨询与运营管理服务。

人物：小艾是运营部实习生；李洪亮是运营部经理，人称"老李"，是小艾的直属上司及职场引路人。

3. 模块丰富，融入课程思政

本书在模块设计上注重培养学生的思考能力和动手能力，努力做到"学思用贯通"与"知信行统一"相融合，书中设置的模块如下。

- 知识窗：重点讲解理论知识，丰富学生所学内容。
- 专家点拨：对书中知识进行说明、补充和扩展，能够拓宽学生的知识面。
- 思政小课堂：包含前沿知识、文化传承、职业道德等内容，与素养目标相呼应，以加强对网店运营人才素养的培养。
- 动手做：巩固学生所学知识，锻炼学生的自主学习能力和动手实操能力。

4. 配套资源丰富

本书提供精美的PPT课件、课程标准、电子教案、模拟题库、视频等教学资源，用书老师可在人邮教育社区网站（www.ryjiaoyu.com）中免费下载。

由于编者水平有限，书中难免存在不足之处，欢迎广大读者批评指正。

编　者
2022年1月

C O N T E N T S

目 录

项目七　订单处理及发货

项目八　分析运营数据并管理网店运营团队

项目一

开设网店

"彼一叻"是一家销售宠物食品/用品的线下店铺。由于网络购物的流行，"彼一叻"的店主想要开设一家网店。由于不知道如何运营网店，店主找到了北京特讯商务运营有限公司（以下简称"特讯运营"），希望特讯运营能够帮助自己开设网店，在网店中售卖实体店的商品。特讯运营将这一任务交给运营部经理李洪亮（人称"老李"），老李决定带领运营部的实习生——小艾一起完成任务。

情境创设

学习目标

知识目标
1. 了解主流电商平台及其特点。
2. 掌握开通网店的流程。
3. 了解淘宝网店主要的后台操作工具。

技能目标
1. 能够根据开店需求选择合适的开店平台。
2. 能够自主开通网店。
3. 能够熟练使用千牛卖家中心、千牛工作台。

素养目标
1. 培养诚实守信的良好品德。
2. 培养遵纪守法的优良品质。

任务一　做好网店定位

任务描述

为"彼一叻"开设网店前，老李要求小艾先分析宠物食品/用品的行业和市场情况，然后了解主流的开店平台，确定货源渠道，做好网店定位。

任务实施

👤 活动1　分析行业和市场

为了确认开设宠物食品/用品网店是否可行，老李让小艾先收集电子商务行业的相关信息，了解电子商务行业的发展情况，再查找与宠物食品/用品行业直接相关的调查报告。

第一步　了解2021年上半年全国电子商务行业的交易情况

第48次《中国互联网络发展状况统计报告》显示，截至2021年6月，我国网络购物用户规模达到8.12亿，较2020年12月增长2965万，网络直播的用户规模较2020年12月增长7539万。由此可见，电子商务行业仍然呈现出蓬勃发展之势。

第二步　了解宠物食品/用品行业

紧接着，小艾查看了万榜发布的有关宠物食品/用品行业的调查报告，发现具有品牌优势和渠道优势的宠物食品/用品更受市场青睐，而"彼一叻"正好具有这方面的优势，因此，"彼一叻"开设宠物食品/用品网店是可行的。

👤 活动2　选择开店平台

正式开店前，小艾需要选择适合"彼一叻"开店的平台，并在该平台中选择合适的网店类型。

第一步　查看淘宝开店流程

淘宝是成立较早、影响力较大的电商平台，很多个人和企业都在淘宝上开店。小艾准备先查看淘宝的开店流程和所需材料，具体操作如下。

（1）打开淘宝网首页，将鼠标指针移动到"千牛卖家中心"右侧的下拉按钮▾上，在打开的下拉列表中选择"免费开店"选项，如图1-1所示。

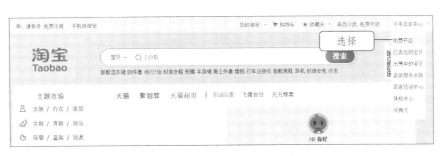

图1-1 选择"免费开店"选项

（2）打开千牛卖家中心登录页面，单击"0元开店"超链接，如图1-2所示。

（3）打开新商家开店页面，在页面顶部单击"开店教程"超链接，如图1-3所示。

图1-2 单击"0元开店"超链接

图1-3 单击"开店教程"超链接

（4）打开淘宝店铺入驻流程页面，在"淘宝个人店铺入驻流程"选项卡中的"入驻流程"栏下依次单击各步骤对应的 查看教程 按钮，查看个人卖家开店的流程和要求，如图1-4所示。图1-5所示为单击"登录/注册淘宝个人账号"对应的 查看教程 按钮后打开的页面。

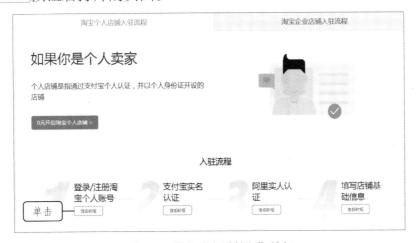

图1-4 单击"查看教程"按钮

图1-5　登录/注册淘宝个人账号教程

（5）返回淘宝店铺入驻流程页面，单击"淘宝企业店铺入驻流程"选项卡，依次单击"入驻流程"栏下各步骤对应的 查看教程 按钮，查看企业卖家开店的流程和要求。

第二步　查看天猫开店流程和要求

淘宝和天猫同为阿里巴巴集团旗下的电商平台，但二者的开店流程有所不同。小艾进入天猫开店页面，查看天猫开店的流程和要求，具体操作如下。

（1）打开千牛卖家中心登录页面，单击"入驻天猫"超链接，如图1-6所示。

（2）打开天猫简介页面，小艾发现入驻天猫的商家主要包括国内外品牌商和零售商。单击"欢迎入驻"超链接，在"欢迎入驻"页面的"开店"栏下查看天猫的开店流程和要求，单击"天猫"选项卡下的"立即入驻"超链接，如图1-7所示。

图1-6　单击"入驻天猫"超链接

图1-7　单击"立即入驻"超链接

（3）打开天猫商家入驻页面，在"入驻流程"栏下查看天猫商家的入驻流程，如图1-8所示。

图1-8　查看入驻流程

（4）单击"入驻指南"超链接，在打开的页面中查看入驻天猫的具体流程和要求，如图1-9所示。

图1-9　查看入驻天猫的具体流程和要求

（5）单击"入驻要求"超链接，查看店铺类型介绍和居家日用下的宠物/宠物食品及用品类目店铺的入驻要求，如图1-10所示。

（6）单击"资费标准"超链接，查看天猫开店需要缴纳的费用。

🧑 专家点拨

　　淘宝个人店铺的规模较小，开店要求较低；天猫店铺的商家主要为品牌商/零售商等，店铺规模更大，但入驻天猫的商家需要有正规企业的营业执照，且需缴纳的费用比入驻淘宝更高。

图1-10　查看店铺类型和居家日用下的宠物/宠物食品及用品类目店铺的入驻要求

第三步 查看京东开店流程和要求

除了淘宝外，京东也是国内处于领先地位的电商企业，其旗下的京东商城也提供了网店开设服务。老李让小艾再看看京东商城的网店类型、开店流程和要求，具体操作如下。

（1）在浏览器中打开京东商城官网，将鼠标指针移动到"客户服务"的下拉按钮 上，在打开的下拉列表中选择"合作招商"选项，如图1-11所示。

（2）打开合作招商页面，在"欢迎入驻"栏下查看网店类型，单击"POP商家"中的"立即入驻"超链接，如图1-12所示。

图1-11　选择"合作招商"选项

图1-12　查看网店类型并单击"立即入驻"超链接

（3）打开京东招商入驻页面，在"POP招商入驻指导"栏下单击"入驻流程抢先查看"下的 按钮，如图1-13所示，在打开的页面中查看入驻流程。

图1-13 单击"入驻流程抢先查看"下的"了解流程"按钮

（4）单击"《京东开放平台招商基础资质标准》"超链接，如图1-14所示，查看京东对不同店铺类型的招商资质要求。

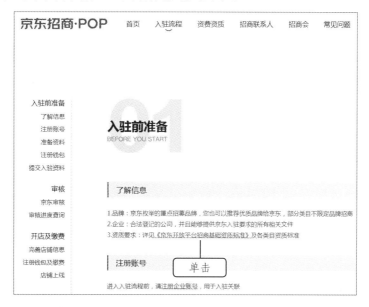

图1-14 查看京东对不同店铺类型的招商资质要求

（5）返回入驻流程页面，在"准备资料"栏下单击"入驻所需资质和费用"超链接，打开资费资质页面，在"请选择或搜索您要经营的类目"栏下的搜索框中单击下拉按钮 ，在打开的下拉列表中选择"一级类目"为"宠物生活"，"二级类目"为"宠物主粮""宠物零食""猫狗日用"，"三级类目"为"猫砂""其他日用"，单击 确定 按钮，如图1-15所示。

（6）打开资费资质页面，查看在京东商城中销售宠物食品/用品等的旗舰店需要缴纳的费用，如图1-16所示。

图1-15　查询资费资质

图1-16　在京东商城中开旗舰店需要缴纳的费用

第四步 **确定开店平台**

综合对比这几个主流电商平台的店铺类型、开店流程、资费和资质要求后，小艾发现，淘宝网店多为个人店铺，天猫店铺多为品牌店铺，京东的开店方式多样，资费更低。但是，考虑到天猫会根据销售额返还一定比例的年费，且消费者更具针对性，小艾结合"彼一吮"的需求和资金实力，并与"彼一吮"店主商议后，决定开设天猫店铺。由于店主已经注册了"彼一吮"的商标，且对商标拥有独占权，他们最终决定开设天猫旗舰店。

活动3　寻找货源

"彼一叻"的线下店铺销售的宠物食品/用品多且杂,并不适合全部放在网店中销售。为此,老李让小艾先确定网店销售的具体商品类目,然后对比不同的进货渠道,最终确定货源。

第一步 选择适合网店销售的商品类目

小艾在《2021年中国宠物消费趋势白皮书》中发现,消费者对宠物主粮、宠物零食的需求越发精细化,也更加偏向于购买智能化的宠物用品,如图1-17所示。

宠物主粮
- 天然有机粮、进口高端粮更受喜爱
- 主粮功能需求多样化
- 重品质,兼顾高性价比

宠物零食
- 养宠精细化促进多次购买和冲动消费
- 关注性价比和品质、营养成分、包装规格

宠物用品
- 关注智能、安全、便捷、好看的宠物用品

图1-17　宠物行业主要类目的消费需求与特征

于是,小艾决定选择高性价比、有机宠物主粮和零食在网店中销售。同时,《2021年中国宠物消费趋势白皮书》显示,猫主人数量多于狗主人数量,猫食品/用品的需求量在不断上升,因此,小艾决定选择猫食品/用品类目的商品作为"彼一叻"网店的主营商品。

第二步 找货源

老李建议小艾对比一些常见的进货渠道,为"彼一叻"选择一个合适的可以定制商品的货源。小艾首先在阿里巴巴批发网——1688网上搜索了猫食品/用品类目的商品,然后在线下批发市场和工厂查看猫食品/用品类目的商品,具体操作如下。

(1)通过浏览器打开1688网,在搜索框中输入"猫咪食品用品",按【Enter】键搜索相关商品。

(2)在搜索结果页面查看具体的商品,如图1-18所示。

(3)单击感兴趣的商品,进入该商品页面,查看商品的批发、服务、物流等信息,然后将鼠标指针放在商家名称上,在打开的下拉列表中查看商家信息,如图1-19所示。

(4)查看买家评价。选择几款评价较好的商品进行购买,收到商品后进行试用,判断商品的质量、服务等是否与商家的描述一致。

图1-18 查看搜索结果

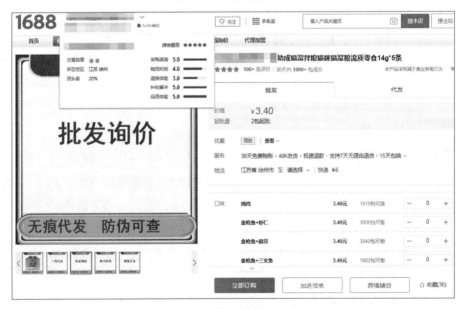

图1-19 查看商品详情和商家信息

（5）到线下批发市场和工厂寻找与网上购买的商品类似的商品，并购买样品试用。

第三步 确定货源

小艾对比1688网、线下批发市场和工厂的商品以及商家资质后，发现猫食品/用品在网上进货的风险较高，无法保障商品的质量。鉴于"彼一叻"的线下店铺本身有一定的线下进货渠道，小艾最终决定通过线下批发市场进货。

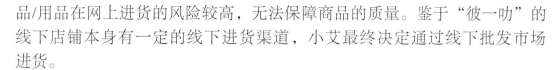

专家点拨

网店货源分为线上和线下两种。线上货源主要指1688网、天猫供销平台等网上进货平台，这些平台提供商品批发服务，类目齐全、款式众多，可供进货方随意挑选，但商品质量参差不齐；线下货源主要指批发厂家、批发市场等，在线下进货可能有库存积压的风险，但商品品质更有保障。

任务二 开通网店

任务描述

做好网店定位后，老李便把开通网店这一任务交给小艾，小艾需要按照天猫开店的流程和要求完成网店的开通。

任务实施

活动1 注册并登录淘宝账号

开通天猫网店之前，需要先注册账号。由于天猫和淘宝同属阿里巴巴，其账号是共用的，因此小艾决定直接注册淘宝账号，然后登录淘宝网。

第一步 注册淘宝账号

小艾需要使用手机号码为"彼一叻"注册淘宝账号，具体操作如下。

（1）打开淘宝网首页，单击"免费注册"超链接，如图1-20所示。

（2）打开"用户注册"页面，在"手机号码"文本框中输入手机号码后，单击 获取验证码 按钮，待获取验证码后将验证码输入"验证码"文本框，选中"已阅读并同意以下协议淘宝平台服务协议、隐私权政策、法律声明、支付宝及客户端服务协议"复选框，然后单击 注册 按钮，如图1-21所示。

（3）在打开的页面中根据提示依次完成操作，完成后页面将提示注册成功。提示信息中、页面左上角均会显示注册的淘宝会员名，如图1-22所示。

图1-20　单击"免费注册"超链接

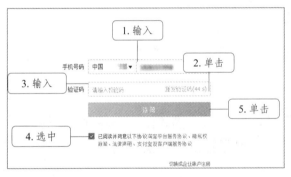

图1-21　用户注册

图1-22　注册成功

> 👨‍🏫 **专家点拨**
>
> 企业商家还可以使用邮箱地址注册企业账号。除了在淘宝网注册淘宝账号外，商家还可以下载淘宝App，在淘宝App中完成注册，注册流程与在淘宝网中注册相同。

第二步 登录淘宝账号

完成淘宝账号的注册后，小艾需要在淘宝网登录该淘宝账号，验证身份，具体操作如下。

（1）打开淘宝网首页，单击页面左上角的"亲，请登录"超链接，如图1-23所示。

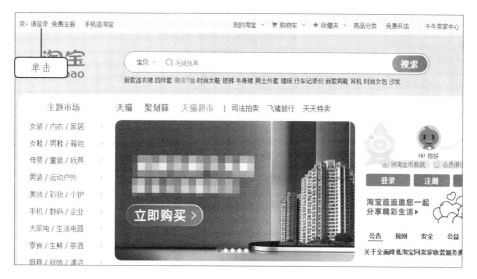

图1-23 单击"亲，请登录"超链接

（2）打开登录页面，在"会员名/邮箱/手机号"文本框中输入淘宝账号，在"请输入登录密码"文本框中输入登录密码，单击 登录 按钮，如图1-24所示。

（3）此时淘宝网将要求验证身份，如图1-25所示，输入证件号码，单击 确定 按钮完成登录。

图1-24 输入淘宝账号和登录密码

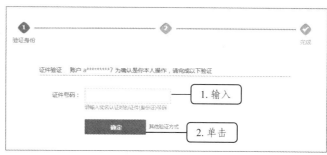

图1-25 验证身份

👨‍🏫 **专家点拨**

除用账号、密码登录外，商家还可以通过短信验证码和扫描二维码登录淘宝账号，具体操作方法如下：单击"短信登录"选项卡，输入短信验证码登录；单击登录页面右上角的二维码图标，切换为扫描二维码登录，在淘宝App已登录账号的情况下使用淘宝App扫描二维码登录。

👤 活动2　完成支付宝实名认证

根据淘宝开店要求，商家必须在支付宝中完成实名认证。小艾需要用注册的淘宝账号登录支付宝，并协助"彼一叻"完成实名认证，具体操作如下。

（1）在浏览器中搜索支付宝，打开支付宝官网，单击官网右上角的"快速登录"超链接，在打开的页面中单击"账密登录"选项卡，输入账号和密码，单击 登录 按钮，如图1-26所示。

图1-26　输入账号和密码

（2）登录成功后进入支付宝个人页面，在其中可查看支付宝账户的相关信息，将鼠标指针移到"未认证"超链接上，在弹出的提示框中单击"立即认证"超链接，如图1-27所示。

图1-27　单击"立即认证"超链接

👤 专家点拨

支付宝是国内领先的第三方支付平台，主要为用户提供支付及理财服务，包括网购担保交易、网络支付等。

（3）打开"支付宝注册"页面，在其中设置支付密码和身份信息，如图1-28所示，完成后单击 确定 按钮。

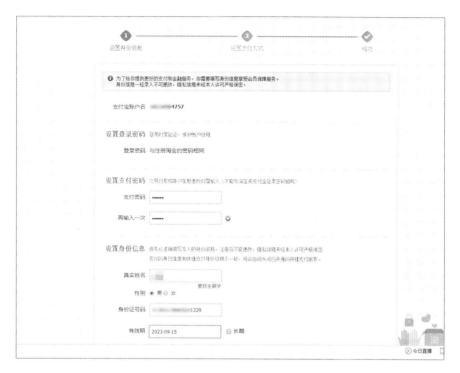

图1-28　设置支付密码和身份信息

（4）打开"设置支付方式"页面，在该页面中输入银行卡号、持卡人姓名、证件号码、手机号码等信息，然后单击 ![获取校验码] 按钮获取验证码，输入验证码后单击 ![同意协议并确定] 按钮完成支付宝实名认证，如图1-29所示。

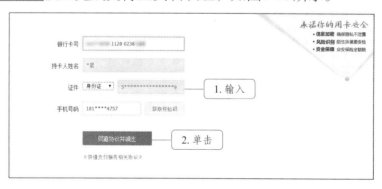

图1-29　"设置支付方式"页面

📝 **思政小课堂**

完成支付宝实名认证时必须填写真实的身份信息和银行卡信息，这既是落实网络实名制的要求，又有利于保护个人资产的安全，增强个人信息的准确性，建立社会信用体系。

活动3　申请开通网店

注册淘宝账户并完成支付宝实名认证后，即可申请开通网店。小艾登录淘宝进入免费开店页面，选择开设天猫店，设置网店类型为旗舰店，并提交天猫开店所需的资料，具体操作如下。

（1）登录淘宝网首页，将鼠标指针移动到网页右上方的"千牛卖家中心"的下拉按钮 ∨ 上，在打开的下拉列表中选择"免费开店"选项，如图1-30所示。

图1-30　选择"免费开店"选项

（2）打开千牛卖家中心的开店页面，在该页面中选择开店类型，这里选择"天猫开店"选项，单击 我要开店 按钮，如图1-31所示。

图1-31　单击"我要开店"按钮

（3）打开"天猫招商入驻流程"页面，仔细查看入驻流程，然后逐条确认入驻条件和说明，选中基本入驻条件及说明前的复选框，单击 立即申请入驻 按钮，如图1-32所示。

图1-32 单击"立即申请入驻"按钮

（4）打开"提交入驻资料"页面，在"选择店铺类型"栏下选中"旗舰店"单选项，如图1-33所示。

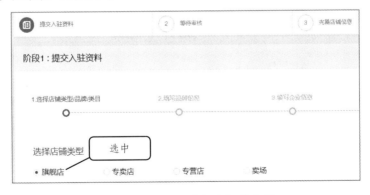

图1-33 选中"旗舰店"单选项

（5）在"选择品牌与类目"栏下选中"所有类目"单选项，在相应文本框中输入商标注册号后，单击 确定 按钮，补充完整信息后单击 下一步 按钮。

（6）在打开的页面中依次填写品牌信息、企业信息，并为网店命名，然后等待审核。

活动4 完善网店基础信息

审核通过后，小艾需要进一步完善网店基础信息。小艾通过千牛卖家中心进入网店基础信息设置页面，修改店铺名称并上传店铺图标，设置主要货源为"线下批发市场"，具体操作如下。

（1）登录淘宝网首页，单击页面右上方的"千牛卖家中心"超链接，进入千牛卖家中心页面，在"店铺管理"栏下单击"店铺基本设置"超链接，如图1-34所示。

（2）进入店铺基本设置页面，将店铺名称修改为"彼一叻旗舰店"，在"店铺标志"下单击 上传图标 按钮。

> **专家点拨**
>
> 天猫旗舰店的命名规则为"品牌名+（类目）+旗舰店"，店铺名称不得超过24个字符。

（3）打开"打开"对话框，选择店铺标志图片（配套资源:\素材文件\项目一\品牌标志.jpg）后单击 打开(O) 按钮。返回店铺基本设置页面后可看到上传后的店铺标志，效果如图1-35所示。

图1-34 单击"店铺基本设置"超链接

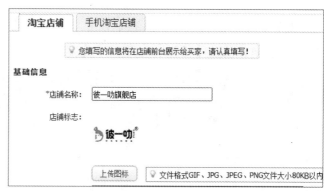

图1-35 设置效果

（4）在"店铺简介"文本框中输入店铺简介，在"经营地址"栏中依次单击 下拉按钮，设置店铺的经营地址，在"主要货源"栏中选中"线下批发市场"单选项，单击 保存 按钮，如图1-36所示，完成店铺基础信息的设置。

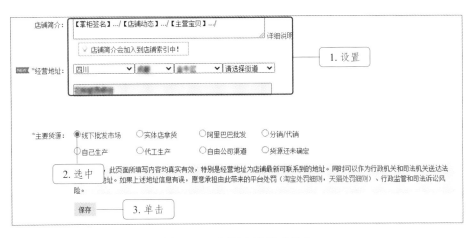

图1-36 设置店铺基础信息

活动5 缴纳保证金

根据天猫开店流程，商家只有在缴纳保证金后才能发布商品，于是，小艾在千牛卖家中心缴纳了10万元保证金，具体操作如下。

（1）进入千牛卖家中心，单击 查看详情 按钮，如图1-37所示。

（2）打开保证金页面，单击 充值 按钮，如图1-38所示。

图1-37 单击"查看详情"按钮

图1-38 单击"充值"按钮

（3）打开"缴纳保证金"页面，在"缴纳金额"数值框中输入"100000"，在"支付宝支付密码"数值框中输入支付密码，单击 确定 按钮，如图1-39所示。

> 🧑 **专家点拨**
>
> 保证金的缴纳金额取决于商家上个自然月所成交的订单对应的商品类目金额的最高值。如果上个自然月没有成交的订单，则商家只需缴纳1000元的基础保证金。商家可以在保证金页面查看最新公告。

图1-39 "缴纳保证金"页面设置

任务三 设置在线支付方式和物流配送

任务描述

淘宝提供了多种在线支付方式，小艾需要设置几种主流的在线支付方式，包括花呗、分期免息、信用卡等。同时，为了方便发货，小艾还要提前设置服务商和运费模板。

任务实施

👤 活动1 开通花呗和分期免息

花呗是蚂蚁金服集团推出的可以"先消费，后还款"的金融产品。分期免息属于花呗提供的一项服务，商家需要先开通花呗，再开通分期免息。于是小艾通过千牛卖家中心，依次开通了花呗和分期免息，具体操作如下。

（1）进入千牛卖家中心，将鼠标指针移动到"交易管理"栏的展开按钮 ➢ 上，在打开的列表中单击"分期管理"超链接，如图1-40所示。

（2）在弹出的"注意"提示框中单击 去开通服务 按钮。

（3）打开"产品中心"页面，选择"花呗"选项，单击 立即开通 按钮，如图1-41所示。

（4）打开花呗设置页面，查看花呗介绍，单击 立即开通 按钮，如图1-42所示。

（5）打开"查看协议"对话框，查看《花呗支付服务协议》，单击 同意协议并开通 按钮，如图1-43所示。

图1-40 单击"分期管理"超链接

图1-41 单击"立即开通"按钮

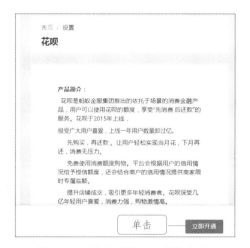

图1-42 单击"立即开通"按钮

图1-43 单击"同意协议并开通"按钮

（6）待提示开通成功后单击"返回首页"按钮，如图1-44所示。

（7）返回"产品中心"页面，在"营销工具"下选择"花呗分期免息"选项，单击 立即开通 按钮，如图1-45所示。

图1-44 单击"返回首页"按钮

图1-45 单击"立即开通"按钮

（8）打开"花呗分期免息"页面，查看具体介绍，单击 立即开通 按钮，如图1-46所示。

（9）打开"查看协议"对话框，查看花呗分期免息服务协议，单击 同意协议并开通 按钮，如图1-47所示，等待开通成功。

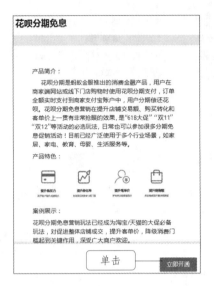

图1-46　单击"立即开通"按钮

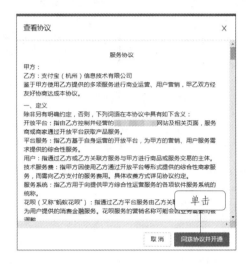

图1-47　单击"同意协议并开通"按钮

活动2　开通信用卡支付

信用卡支付服务需要在服务市场订购。小艾进入服务市场并搜索"信用卡支付"服务，开通信用卡支付，具体操作如下。

（1）进入千牛卖家中心，将鼠标指针移动到"软件服务"栏的展开按钮上，在打开的列表中单击"我订购的服务"超链接，如图1-48所示。

（2）打开服务市场页面，在页面顶部的搜索框中输入"信用卡支付服务"，单击 搜索 按钮，如图1-49所示。

图1-48　单击"我订购的服务"超链接

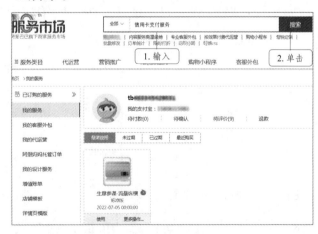

图1-49　搜索"信用卡支付服务"

（3）在搜索结果页面选择"信用卡支付"选项。打开信用卡支付订购页面，单击 立即购买 按钮，如图1-50所示。

图1-50　单击"立即购买"按钮

（4）打开订单确认页面，选中"到期提醒""匿名购买""已阅读并同意签署：信用卡支付服务订购协议及服务市场交易协议"复选框，单击 同意并付款 按钮，如图1-51所示。

图1-51　单击"同意并付款"按钮

（5）刷新页面，待提示订购成功后即开通成功。

活动3　设置服务商和运费模板

进行发布商品、发货等操作都需要先设置服务商和运费模板。不同地区的快递服务费用不同，因此，老李建议小艾设置运费模板，从而对不同地区的消费者的运费进行区分。

第一步　设置服务商

服务商是指提供物流服务的快递公司，需要商家在千牛卖家中心进行设置。小艾根据"彼一叻"的要求，准备设置中通快递为服务商，具体操作如下。

（1）进入千牛卖家中心，在左侧的菜单栏中单击"物流管理"栏下的"物流工具"超链接，如图1-52所示。

（2）打开服务商设置页面，单击"中通快递"对应的 开通服务商 按钮，如图1-53所示。开通后页面将显示已开通。

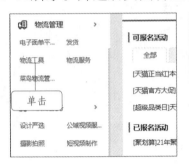

图1-52　单击"物流工具"超链接　　　　　图1-53　单击"开通服务商"按钮

第二步　设置运费模板

运费模板也属于物流工具的一部分，小艾在设置服务商后，在"运费模板设置"选项卡中新增了运费模板，为大部分地区设置包邮，为偏远地区设置了需要支付的运费，具体操作如下。

（1）单击"运费模板设置"选项卡，单击 新增运费模板 按钮，如图1-54所示。

（2）在"模板名称"文本框中输入"运费模板"，设置发货地，选中"自定义运费"单选项，如图1-55所示。

图1-54　单击"新增运费模板"　　　　　图1-55　新增运费模块
　　　　 按钮

（3）在"运送方式"中选中"快递"复选框，在展开的列表中设置"默认运费"为"1件内0.00元，每增加1件，增加运费0.00元"，单击 为指定地区城市设置运费 按钮，单击"未添加地区"对应的"编辑"超链接，如图1-56所示。

（4）打开"选择区域"对话框，选择"内蒙古自治区""新疆维吾尔自治区""西藏自治区"，如图1-57所示，单击 保存 按钮。

（5）在"首件数（件）"文本框中输入"1"，在"首费（元）"文本框中输入"30"，在"续件数（件）"文本框中输入"1"，在"续费（元）"文本框中输入"15"，单击 保存并返回 按钮，如图1-58所示，完成运费模板的设置。

图1-56 设置运送方式

图1-57 选择区域　　　　　图1-58 单击"保存并返回"按钮

任务四 了解网店后台操作工具

任务描述

老李告诉小艾，网店运营过程中经常会用到千牛卖家中心、千牛工作台等后台操作工具，希望小艾能够熟悉这些常用的后台操作工具，并能够使用这些工具管理网店。

任务实施

活动1 了解千牛卖家中心

千牛卖家中心是运营网店的重要工具，小艾需要熟悉千牛卖家中心，了解其组成。登录淘宝网后，单击右上角的"千牛卖家中心"超链接，即可打开千牛卖家中心主页面。该页面主要由页面跳转导航、后台操作项、商家运营信息、官方实时消息等内容组成，如图1-59所示。

图1-59　千牛卖家中心主页面

（1）页面跳转导航。页面跳转导航显示了目前登录的账号，单击旁边的"退出"超链接可以退出登录。页面跳转导航还显示了"天猫首页""商家中心""下载千牛""卖往海外"等超链接，单击对应的超链接可跳转到相应的页面。

（2）后台操作项。后台操作项提供了网店运营管理的各项入口，单击栏目分类下对应的超链接即可完成相应跳转，表1-1所示为对后台操作项各栏目下重要超链接的描述。

表1-1　后台操作项中的超链接

栏目名称	超链接名称	进行的操作
营销中心	营销活动中心	报名营销活动
	营销工具中心	选择并使用营销工具
	营销推广中心、超级推荐、直通车	站内引流
	生意参谋	分析网店数据

续表

栏目名称	超链接名称	进行的操作
内容运营中心	发订阅	发布订阅渠道的内容
	淘宝直播	开通并管理店铺直播
交易管理	已卖出的宝贝	可查看已经卖出的商品、搜索订单、退款、发货
	评价管理	查看店铺动态评分、处理买家评价
客户服务	阿里店小蜜	智能管理店铺
	退款售后管理	处理退款
店铺管理	图片空间	储存素材图片
	店铺基本设置	设置店铺基础信息
宝贝管理	发布宝贝	发布商品、上下架商品
	出售中的宝贝	查看正在出售的商品、编辑商品信息
物流管理	物流工具	设置服务商、运费模板等
	物流服务	订购电子面单等物流服务

（3）商家运营信息。商家运营信息位于主页面中间，除了显示网店动态评分、代办事项等信息外，还会显示营销活动、生意参谋实时数据等信息。图1-60所示为淘宝官方在当时开展的大型营销活动及已报名的营销活动等信息。

图1-60　营销活动信息展示

思政小课堂

　　"知之者不如好之者，好之者不如乐之者"，做好网店运营不是一件简单的事，况且电子商务行业瞬息万变，我们要不断学习，努力提升自己。

（4）官方实时消息。在主页面右侧显示了"天猫头条""小二通知"等官方实时消息，商家可以单击消息标题进入消息详情页了解详情。

👤 活动2　下载并熟悉千牛工作台

千牛工作台是阿里巴巴提供的一款集营销推广、客户接待、商品管理、内容创作等功能于一身的多功能网店管理工具，具有界面简洁、运营高效、操作方便等特点。熟悉千牛工作台有利于提高工作效率，小艾将通过千牛卖家中心下载和安装PC版的千牛工作台，并详细了解千牛工作台的4个主要模块。

第一步　下载和安装千牛工作台

千牛工作台分为PC版和App版，由于利用计算机管理网店更方便，因此，小艾选择下载和安装PC版，具体操作如下。

（1）打开千牛工作台下载页面，单击"下载千牛"超链接，如图1-61所示。

（2）将鼠标指针移动到"Windows"图标上，然后单击 [立即下载] 按钮，如图1-62所示。

图1-61　单击"下载千牛"超链接

图1-62　单击"立即下载"按钮

（3）打开"新建下载任务"对话框，然后单击 [浏览] 按钮，如图1-63所示。

（4）打开"浏览文件夹"对话框，设置下载内容保存位置后，单击 [确定] 按钮，如图1-64所示。

图1-63　单击"浏览"按钮

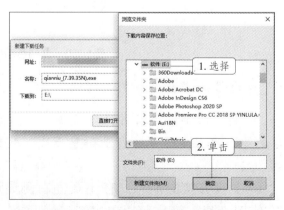

图1-64　设置下载内容保存位置

（5）返回"新建下载任务"对话框，单击 下载 按钮下载千牛工作台。

（6）下载完成后，双击对应文件，打开安装对话框，单击 立即安装 按钮，如图1-65所示。

（7）安装完成，如图1-66所示，单击 立即使用 按钮即可打开该软件。

图1-65 单击"立即安装"按钮　　　　图1-66 单击"立即使用"按钮

第二步 **了解千牛工作台的主要模块**

安装完成后，使用淘宝账号和密码即可登录千牛工作台。在小艾登录千牛工作台后，老李向小艾介绍了千牛工作台的主要模块。千牛工作台主要包括4个模块，分别是接待中心、消息中心、工作台和搜索，如图1-67所示。

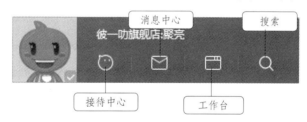

图1-67 千牛工作台的4个模块

（1）接待中心。接待中心的功能类似于阿里旺旺，通过这个模块商家可以接收和查看消费者消息、与消费者进行沟通交流。此外，在这个模块商家还可以查看订单状态，如全部、未完成、已完成、已关闭等，如图1-68所示。

（2）消息中心。消息中心是一个用于查看和阅读系统消息及服务号消息的模块。在该模块中，商家可以查阅旺旺系统消息、交易消息、安全提醒和商品消息等信息，还可查看千牛和淘宝官方发布的一些新闻资讯，如图1-69所示。

（3）工作台。工作台是千牛工作台的重要模块，为方便商家操作，淘宝将工作台与千牛卖家中心进行了融合，工作台的功能也与千牛卖家中心的功能保持一致。商家在千牛卖家中心进行的操作也可以在工作台中进行，如查看生意参谋提供的店铺实时数据，如图1-70所示。

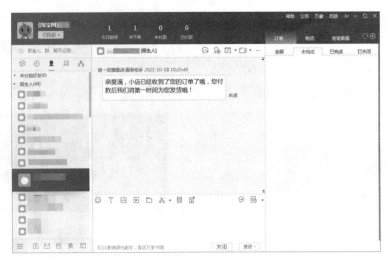

图1-68　接待中心

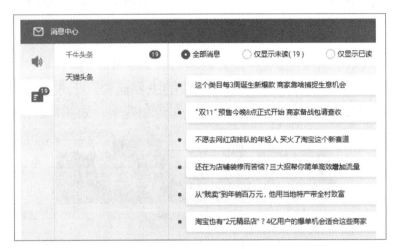

图1-69　消息中心

图1-70　工作台

（4）搜索。搜索模块主要用于搜索插件，在文本框中输入相关插件名称，如图1-71所示，在打开的下拉列表中即可显示相关插件。

图1-71　搜索

🛍️ **动手做**

下载手机版千牛工作台（以下简称"千牛App"）

为了能够随时与消费者进行沟通，请同学们在千牛工作台下载页面使用手机扫码下载千牛App，并登录千牛App，在接待中心和消息中心查看消费者和官方发送的最新消息。

项目总结

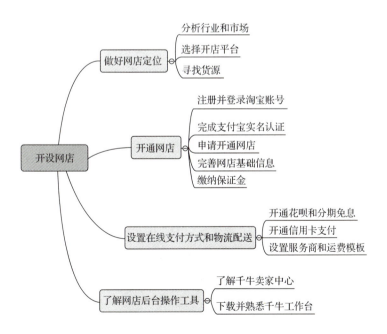

项目二

采编商品信息
并发布商品

情境创设

　　开设网店后，需要采编商品信息并发布商品，小艾将在老李的指导下完成该工作。小艾首先选择了一款猫条商品，接下来她将为该款商品写作文案，然后拍摄商品图片，美化图片，制作主图并设计详情页，最后发布商品，让消费者可以直观地看到该商品的信息。

学习目标

知识目标

1. 了解商品文案写作的相关知识。
2. 了解拍摄和美化商品图片的相关知识。
3. 了解设计商品详情页的相关知识。

技能目标

1. 能够提炼商品的卖点并编写与之相符的文案。
2. 能够拍摄和美化商品图片。
3. 能够设计详情页焦点图和商品卖点图。
4. 能够使用千牛卖家中心发布商品。

素养目标

1. 提升收集商品信息和分类整理的能力。
2. 培养审美水平和思维创新能力。

任务一 写作商品文案

任务描述

小艾准备先整理猫条的信息，再根据这些信息提炼猫条的卖点，然后编写商品标题文案、商品详情页文案。

任务实施

👤 活动1 整理商品信息

在网上购买商品时，消费者难免会因为无法看到商品实物而对商品存在一定的疑虑，因此商家尤其要注意整理商品信息并准确地将其传递给消费者。小艾在整理猫条的相关信息时，按照信息的重要程度首先整理了猫条的品牌、商品名称、商品口味和用料信息，然后整理出适用对象、售后服务等其他信息，具体步骤如下。

第一步 整理品牌、商品名称、商品口味和用料信息

该猫条有两种口味，为了让消费者更清晰地了解商品的用料，小艾将两种口味的猫条按商品成分分析保证值（营养成分含量）、原料组成、添加剂组成3个部分进行了整理，如表2-1所示。

表2-1 猫条的品牌、商品名称、商品口味和用料信息

品牌		彼一叻	
商品名称		彼一叻金枪鱼/鸡肉猫条	
商品口味		金枪鱼+虾	鸡肉+虾
用料	商品成分分析保证值	粗蛋白≥6.0% 粗脂肪≥0.5% 粗纤维≤1.0% 粗灰飞≤1.0% 水分≤90%	粗蛋白≥6.0% 粗脂肪≥0.5% 粗纤维≤1.0% 粗灰飞≤1.0% 水分≤90%
	原料组成	金枪鱼、虾、葵花籽油、马铃薯淀粉、金枪鱼水解粉	鸡胸肉、虾、葵花籽油、马铃薯淀粉
	添加剂组成	瓜尔胶、牛磺酸、茶多酚、红曲红色素、酿酒酵母提取物、维生素A、维生素D3、维生素E	瓜尔胶、牛磺酸、茶多酚、红曲红色素、酿酒酵母提取物、维生素A、维生素D3、维生素E

第二步 整理其他信息

小艾整理了品牌、商品名称、商品口味和用料信息后，将消费者想了解的其他重要信息也整理了出来，包括商品规格、包装信息、适用对象、注意事项、保质期、生产日期、售后服务等，如表2-2所示。

表2-2　猫条的其他信息

商品规格	15g/条、10条/袋、300g/份
包装信息	包装袋长16.5cm、高26cm，猫条长2.5cm、高17.5cm
适用对象	3个月及以上的猫，适合各品种的猫
注意事项	不适用于反刍动物
保质期	18个月
生产日期	近期生产，见包装
售后服务	不喜欢猫条可以退货，每个ID每笔订单限拆一袋，但需其他商品没有破损，且退回运费由买家承担

动手做

梳理商品信息

在淘宝上选择两款月销量超过1万单的原味豆腐猫砂，并将这两款商品的信息填写在表2-3中。

表2-3　原味豆腐猫砂的商品信息

	原味豆腐猫砂1	原味豆腐猫砂2
品牌		
商品名称		
商品规格		
商品配比		
用料		
适用对象		
注意事项		
保质期		
生产日期		
售后服务		

活动2 提炼商品卖点

提炼商品卖点是为了让消费者快速地了解商品。小艾准备先挖掘猫条的卖点，然后结合消费者需求提炼卖点，具体步骤如下。

第一步 使用FAB法则挖掘商品卖点

为了准确地提炼猫条的卖点，小艾决定使用FAB法则，从猫条的特征（Feature）、作用（Advantage）、益处（Benefit）3个方面挖掘猫条的卖点，具体内容如表2-4所示。

表2-4 使用FAB法则挖掘猫条的卖点的具体内容

商品	特征	作用	益处
彼一叻金枪鱼/鸡肉猫条	肉质细腻	容易吞咽	减轻猫的肠胃负担，促进消化
	金枪鱼	富含蛋白质，强化肝脏功能	维持猫皮毛光洁、明眸亮眼
	鸡胸肉	富含蛋白质和维生素	促进猫的健康发展
	牛磺酸	增强免疫力、促进肠道吸收	维持猫正常的繁殖能力、生长发育，增强猫的免疫能力
	茶多酚	抗氧化、抑菌、除臭	清新口气、减弱猫的粪便臭味、止泻
	维生素A	维持猫的正常视觉功能、维护上皮组织细胞健康、促进免疫蛋白的合成	防止猫得干眼病，防止皮肤干燥
	维生素D3	促进肠道对钙和磷的吸收、促进生长和骨骼钙化	防止猫骨质疏松
	维生素E	抗氧化、维持细胞结构	维持猫皮毛光洁

专家点拨

FAB法则常用于营销、销售活动中，当按照F、A、B的顺序介绍商品时，它就是一种具有说服性的演讲结构，即通过阐述商品的特征、作用以及能够给消费者带来的益处，达到说服消费者的目的，让消费者相信该商品是优质的，并购买该商品。

第二步 结合消费需求提炼商品卖点

与此同时，小艾结合《2021年中国宠物消费趋势白皮书》的信息，发现在宠物零食方面，消费者很注重其营养成分，在用料的肉类类型方面，更偏好鸡肉、鱼肉等富含蛋白质的肉类。

结合消费者的需求，小艾将猫条的卖点提炼如下。

（1）肉质细腻，促进消化。

（2）使用富含蛋白质的鸡胸肉、金枪鱼。

（3）增添牛磺酸、茶多酚等猫所需的多种维生素。

活动3　编写商品标题

小艾发现，很多消费者会通过在淘宝的搜索框中输入关键词来搜索商品，如羽绒服、牛仔裤等词语，在浏览搜索结果的过程中，他们很容易被一些好的商品标题吸引。因此，小艾首先使用了生意参谋和淘宝搜索功能来挖掘关键词，然后根据挖掘到的关键词编写了一个好的商品标题。具体步骤如下。

第一步 **使用生意参谋挖掘关键词**

为了挖掘出关键词，小艾使用了生意参谋中的选词助手，分别挖掘与猫条商品相关的行业相关搜索词、长尾词和核心词，具体操作如下。

（1）进入千牛卖家中心，在"营销中心"栏下单击"生意参谋"超链接。打开"生意参谋"主页面，在顶部导航栏中单击"流量"选项卡，在"流量"选项卡中单击左侧菜单栏中的"选词助手"超链接，如图2-1所示。

图2-1　单击"选词助手"超链接

（2）单击"行业相关搜索词"选项卡，单击"宠物/宠物食品及用品"右侧的展开按钮，依次选择"猫零食""妙鲜包/袋/条"选项，如图2-2所示。

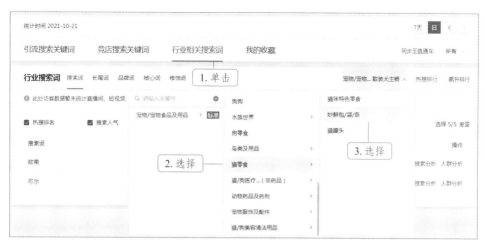

图2-2　选择细分行业

（3）单击 7天 按钮，在打开的"搜索词"列表中查看近7天与猫条相关的行业搜索词，如图2-3所示，发现搜索排名靠前的搜索词的组合形式大多为"品牌名称+商品类目"。

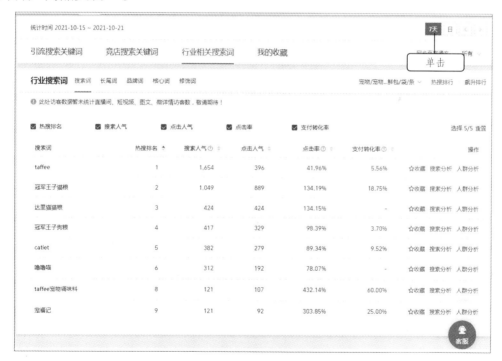

图2-3　查看行业搜索词

（4）打开"长尾词"列表，发现"长尾词"列表中排名靠前的词语大多也是"品牌名称+商品类目"的形式，如图2-4所示，小艾从中意识到了品牌的重要性。

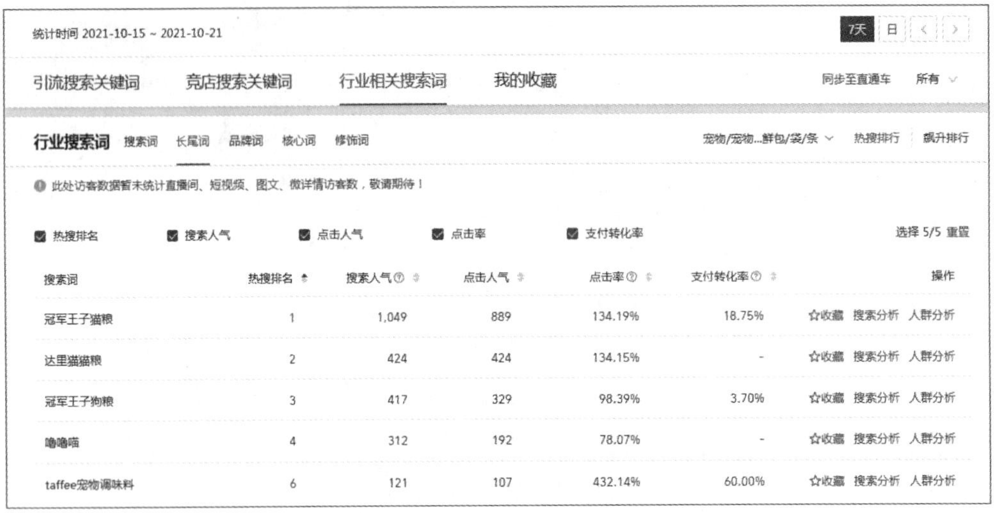

图2-4　查看长尾词

（5）打开"核心词"列表，发现与商品相关的、词均点击率较高的核心词有"猫粮""宠物"，如图2-5所示。

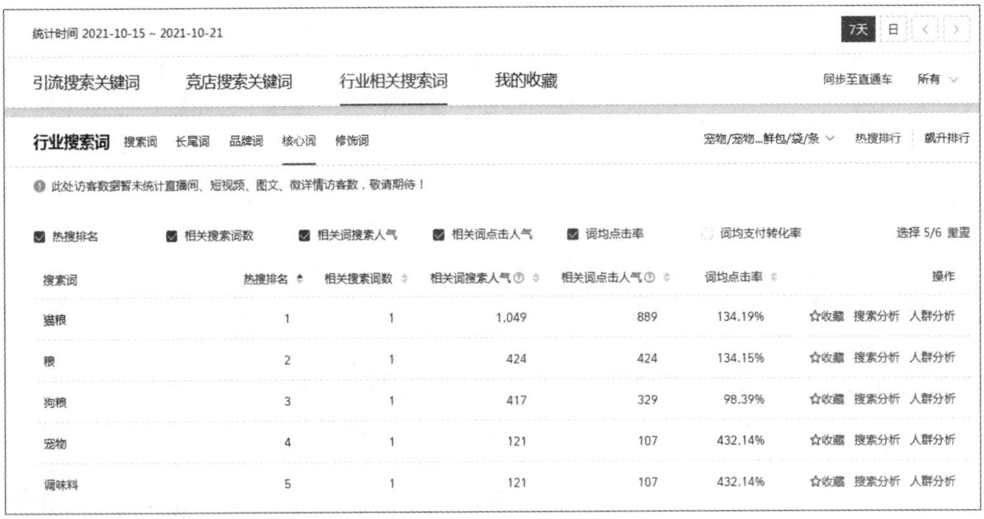

图2-5　查看核心词

第二步 使用天猫搜索功能挖掘关键词

在使用生意参谋挖掘关键词后，小艾发现能用的关键词很少，且没有找到能够直接体现商品特征的关键词，于是，小艾决定使用天猫搜索功能进一步挖掘关键词，具体操作如下。

（1）打开天猫首页，在搜索框中输入"猫条"，单击 搜索 按钮，然后将鼠标光标定位到"猫条"后，在打开的下拉列表中查看系统提供的消费者经常搜索的信息。小艾发现消费者搜索较多的关键词为"猫条猫零食""猫条零食""猫咪零食猫条"等，如图2-6所示。于是，小艾决定将"猫条猫零食"作为搜索关键词。

图2-6 查看消费者搜索关键词

（2）单击"猫条猫零食"，在搜索结果页中单击"销量"选项卡，将猫条商品按销量降序排列，依次将鼠标指针移动到商品的标题上，查看高销量猫条商品的完整标题，如图2-7所示。常用的关键词还有"猫咪""营养""增肥发腮""补水""湿粮"等。小艾发现大多数成交量过万的商品的标题使用了品牌名称和商品类目关键词，且将其放在了标题开头，同时在商品标题中增添商品作用、规格等内容，于是小艾也决定这样做。

图2-7 查看高销量猫条商品的完整标题

第三步 编写商品标题

小艾将所挖掘出的关键词汇集在一起，挑选出了可以使用的关键词，包括"猫咪""猫条""零食""营养""增肥发腮""补水""湿粮"。

为了体现品牌的重要性，小艾决定把品牌名称放在标题开头，并把商品主要原料和商品规格加入商品标题中，编写后的商品标题如下所示。

> 彼一叻猫条猫咪零食金枪鱼鸡胸肉营养增肥发腮补水湿粮15g×20支。

活动4 编写商品详情页文案

商品详情页文案的主要作用是说明商品具体信息、引发消费者兴趣、树立网店形象，促成消费者的购买行为。因此，小艾打算先确定猫条商品详情页文案的目的，然后结合商品卖点编写商品详情页文案，具体步骤如下。

第一步 明确文案目的

在编写商品详情页文案时，首先应明确编写该文案的目的。对于网店而言，商品详情页文案的目的主要包括以下几种。

（1）引发消费者兴趣。引发兴趣是吸引消费者关注的首要环节，一般可从品牌介绍、焦点图、目标客户场景设计、商品总体图、购买理由、使用体验等方面进行考虑。

（2）激发消费者需求。激发消费者需求是对引发消费者兴趣的进一步延伸。消费者处于摇摆不定的状态时，可以通过激发其潜在需求促成其购买行为。

（3）获得消费者信任。消费者产生购买行为的背后是其对商家的信任，因此商家要想更顺利地卖出商品，就需要获得消费者的信任。展示商品的细节、用途、参数、好评等都是获取消费者信任的有效手段。

（4）打消消费者顾虑。打消消费者顾虑是获取消费者信任的延伸，向消费者传递做出购买行为没有后顾之忧的信息，同时能进一步激起消费者的购买欲望。商家保证、商品证书、商品价值展示、售后服务等都可以打消消费者的顾虑。

（5）激发消费者购买。在商品详情页文案中增添优惠、促销等信息，可以进一步激发消费者的购买欲望，促进他们做出购买决定。

第二步 编写文案

小艾准备从商品卖点和消费者担心的问题出发。消费者通常会担心猫条没

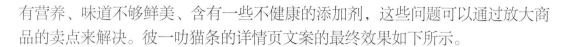

有营养、味道不够鲜美、含有一些不健康的添加剂，这些问题可以通过放大商品的卖点来解决。彼一叻猫条的详情页文案的最终效果如下所示。

谁说猫条没营养？

（1）细腻肉泥，呵护猫的娇嫩肠胃。采用先进研磨工艺，肉泥细腻，更易消化。

（2）多种维生素补充"主子"成长所需。含有牛磺酸、茶多酚、维生素A、维生素D3、维生素E等多种营养物质，均衡营养，提高抵抗力。0添加剂、0诱食剂、0劣质胶质。

（3）大块鸡胸肉，富含蛋白质和维生素，助力健康发育；深海金枪鱼，浓郁鱼香，油亮皮毛、明眸亮眼。

湿粮更补水，解决猫不爱喝水难题。

一条在手，猫咪我有。

思政小课堂

我们在编写商品详情页文案时，要敢于打破常规，使用新思想、新理论、新方法，努力增强自身的创新能力。

任务二　拍摄并美化商品图片

任务描述

完成商品文案的编辑后，小艾将拍摄和美化商品图片。在天猫中，一个商品链接通常会显示5张商品主图，同时，商品详情页中也需要展示一些商品图片。因此，她需要围绕猫条策划拍摄脚本，进行拍摄，并美化图片。

任务实施

活动1　策划商品拍摄脚本

为了使拍摄的商品图片达到良好的效果，在拍摄之前，小艾策划了商品拍摄脚本，以表格形式罗列了拍摄所需物品并设计了拍摄场景，具体步骤如下。

第一步　拍摄准备

在拍摄前，小艾先将所需的物品全部列出来，再按照拍摄器材、辅助道具等对这些物品进行了归类。

在拍摄商品图片时，相机的选择很重要，对比了几款相机的拍摄效果后，小艾选择了专业级微单相机佳能EOS R6。考虑到猫条为小件商品，在选择室内拍摄还是室外拍摄时，出于减少麻烦、节约成本的考虑，小艾决定在室内完成拍摄。拍摄准备如表2-5所示。

表2-5　拍摄准备

拍摄方式	拍摄器材	辅助道具	用途
室内拍摄	佳能EOS R6	60cm×60cm×60cm的LED小型摄影棚	拍摄场地，自带的LED灯为补充光源
		两盏室内白炽灯	布局拍摄光线，两侧45°布光
		猫	衬托商品的"模特"
		大块的金枪鱼肉、鸡胸肉	作为原材料展示，衬托商品
		大颗粒盐、绿色配菜	衬托金枪鱼、鸡胸肉
		黑色纹理的砧板、白色桌子	衬托金枪鱼、鸡胸肉
		猫条	展示商品细节

第二步　设计拍摄场景

为了充分体现猫条的特点，小艾根据猫条的卖点设计了几个拍摄场景，如表2-6所示。

表2-6　拍摄场景

商品	商品卖点	场景设计
彼一叻金枪鱼/鸡肉猫条	肉泥细腻，促进消化	将猫条里面的肉挤出来，用灯从两侧45°打光，近距离拍摄
	使用富含蛋白质的鸡胸肉、金枪鱼	将两块金枪鱼肉叠放在黑色纹理的砧板上，并撒上大颗粒盐，俯拍
		将鸡胸肉放在白色桌面上，虚化背景，突出鸡胸肉的紧实
		拍摄猫卧着并侧望的镜头，以及猫舔嘴唇的镜头
	含有牛磺酸、茶多酚等猫所需的营养物质	人蹲着并拿着开口的猫条喂猫，拍摄猫舔舐猫条的镜头
		拍摄猫蹲坐着目视前方的全景镜头，以及抬头仰望的近景镜头

🧑 活动2　拍摄商品图片

在正式拍摄时，为了达到预想的拍摄效果，小艾通过调整商品的摆放方式和角度，使商品呈现出良好的视觉效果，然后通过添加装饰物和调整拍摄构图拍出了不错的图片。具体步骤如下。

第一步 摆放商品

商品的摆放方式会影响商品的拍摄效果，如影响画面的美观度，影响对商品特征的突出等。为了让消费者更多地了解商品的细节，小艾尝试了多种摆放商品的方法，并总结出以下经验。

（1）多角度拍摄商品，拍摄商品的正面、背面、侧面、局部细节、标识、说明书、防伪标签等。图2-8所示为部分角度下拍摄的商品图片。

图2-8　部分角度下拍摄的商品图片

（2）多角度拍摄商品包装，拍摄包装的正面、背面、侧面以及商品和包装的组合、多件商品的组合摆放。图2-9所示为商品包装正面和多件商品组合摆放的展示图。

图2-9　商品包装正面和多件商品组合摆放的展示图

（3）商品的摆放符合逻辑、搭配效果好，图片的美观度就会得到相应提升。

第二步 添加装饰物

为了提升图片的美观度，小艾在拍摄商品时，为商品和原材料添加了一些装饰物，起到烘托和增强图片的视觉感染力的效果。例如，放置一些绿色配菜和大颗粒盐在三文鱼附近，与红色的鱼肉形成鲜明的色彩对比，如图2-10所示。

图2-10 添加装饰物

第三步 调整拍摄构图

在拍摄商品的过程中，为了全方位展示商品，并为商品主图和商品详情页的设计提供素材，小艾使用了多种构图方法进行拍摄，包括对称构图法、三角形构图法、三等分构图法、重复构图法等。

（1）对称构图法。对称构图法就是使画面中的物体沿对称轴对称，如图2-11所示。用该构图方法拍摄出来的图片具有平稳、交相呼应的特点。

（2）三角形构图法。使用三角形构图法拍摄的画面中会出现对角三角形，既能让画面看起来更加生动形象，还能突出画面主体，如图2-12所示。

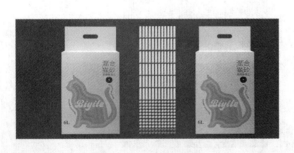

图2-11 对称构图法

图2-12 三角形构图法

（3）三等分构图法。三等分构图法又称九宫格构图法，是指4条三等分线相交形成"井"字形，将被拍摄的主体置于4个交叉点中的一个或多个上，使其成为视觉中心。在图2-13中，猫睁大的眼睛和人物翘起的大拇指分别靠近上面的两个交叉点。

（4）重复构图法。重复构图法通常用于强调或突出某一物体，画面中呈现的是同一物体，该物体占据了整个画面，且不杂乱，如图2-14所示。

图2-13　三等分构图法

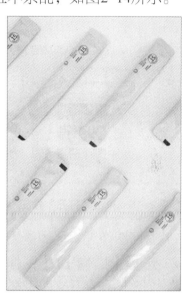

图2-14　重复构图法

👤 活动3　美化商品图片

拍摄的商品图片可能存在大小不符合要求、颜色太暗或太亮等问题。为了解决这些问题，使图片更加美观、有吸引力，小艾使用图像处理软件Photoshop CC 2020对图片进行了美化处理。小艾适当调整了图片的大小、亮度和颜色，并添加了品牌标志、文字和图形，最终得到了一张美观的猫条商品主图。制作出商品主图后还需要将图片保存为网页支持显示的格式，如JPG格式或PNG格式等。

第一步 调整图片大小

商品主图的大小应小于3MB，且比例为1∶1，像素大小至少为700像素×700像素，而用相机拍摄的商品图片的大小和像素大小一般都不符合要求，因此小艾需要先在Photoshop CC 2020中打开商品图片，调整商品图片的尺寸后，再将其裁剪为800像素×800像素的标准大小，具体操作如下。

（1）启动Photoshop CC 2020，在欢迎页中单击 打开 按钮，如图2-15所示。

（2）打开"打开"对话框，选择需要调整大小的商品图片"猫咪.jpg"（配套资源：\素材文件\项目二\猫咪.jpg），单击 打开(O) 按钮，如图2-16所示。

图2-15　单击"打开"按钮

图2-16　选择商品图片

（3）返回图像编辑区，查看打开的图片的效果，如图2-17所示。

（4）选择【图像】/【图像大小】命令，打开"图像大小"对话框，在"宽度"数值框后的下拉列表框中选择"像素"选项，在"高度"数值框中输入"800"，单击 确定 按钮完成设置，如图2-18所示。

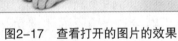

图2-17　查看打开的图片的效果

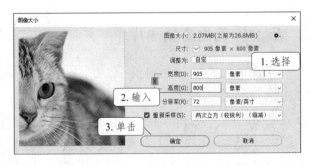

图2-18　设置图像大小

（5）选择裁剪工具 ，在"比例"栏的下拉列表中选择"1∶1（方形）"选项，如图2-19所示。

（6）此时图像编辑区将显示裁剪框，将鼠标指针移动到需要保留的图片区域中，按住鼠标左键不放进行拖动，以调整需保留的图片区域，按【Enter】键完成裁剪，效果如图2-20所示。

图2-19　选择裁剪比例　　　　　　　图2-20　进行裁剪操作

👤 **专家点拨**

　　调整图像大小时，应在宽度和高度中选择数值较小的一方进行调整，因为Photoshop默认进行等比例调整，调整数值较小的一方后，另一方会自动调整，避免出现大小不合适的情况。

第二步 调整图片色调

　　上一步中调整完大小的商品图片被用作商品主图的背景，除了这张图片外，小艾还需要添加其他素材，以丰富商品主图的效果。此外，小艾发现，这些商品图片曝光不足，颜色灰暗，还需要调色，具体步骤如下。

　　（1）选择【文件】/【打开】命令，打开"打开"对话框，选择需要添加的素材文件，这里选择"猫1.png""猫咪.jpg"（配套资源：\素材文件\项目二\猫1.png、猫咪.jpg），单击 打开(O) 按钮打开素材文件，如图2-21所示。

　　（2）选择"移动工具" ⊹，切换到"猫1.png"图像文件，按住鼠标左键不放将其拖动到"猫咪.jpg"图像文件上，可发现选择的素材文件已经添加到"猫咪.jpg"图像文件中，如图2-22所示。

　　（3）选择【编辑】/【自由变换】命令，使素材文件呈自由变换状态，将鼠标指针移动到素材文件的右上角，当鼠标指针变成 ↖ 形状时，按住【Alt】键不放向下拖动鼠标指针，等比例缩放素材文件，如图2-23所示。

　　（4）使用相同的方法，添加"猫2.png"文件，并将其缩小到适当大小，如图2-24所示。

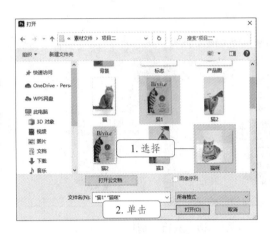

图2-21　选择需要添加的素材文件

图2-22　添加素材文件

图2-23　调整素材文件大小

图2-24　添加其他素材文件

（5）选择【窗口】/【图层】命令，打开"图层"面板，选择"图层 1"图层，按住鼠标左键不放向上拖动，调整素材文件的顺序，使商品主图更有层次感。

（6）在"图层"面板中单击"创建新图层"按钮 ⊡，新建"图层3"图层，如图2-25所示。

（7）在工具箱中单击前景色按钮，打开"拾色器（前景色）"对话框，在"#"栏右侧的文本框中输入"000000"，单击 确定 按钮，如图2-26所示。

（8）在工具箱中选择"画笔工具" ，在工具属性栏中单击"画笔样式"右侧的下拉按钮 ，在打开的下拉列表中选择"柔边圆"画笔样式，然后设置"大小"为"50像素"，如图2-27所示。

（9）在商品的下方拖动鼠标指针，绘制投影，如图2-28所示。

图2-25 新建图层

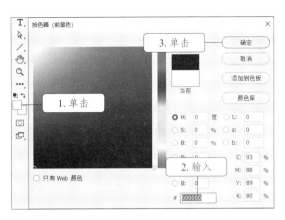

图2-26 设置前景色

图2-27 设置画笔样式及大小

图2-28 绘制投影

（10）打开"图层"面板，选择"图层3"图层，在"不透明度"右侧的文本框中输入"70%"，按住鼠标左键不放将该图层向下拖动到"图层2"图层下方，如图2-29所示，此时图像编辑区中绘制的投影便位于商品下方。

（11）在"图层"面板中单击"创建新的填充或调整图层"按钮 ，在打开的下拉列表中选择"亮度/对比度"选项，如图2-30所示。

图2-29 调整图层位置

图2-30 选择"亮度/对比度"选项

（12）打开"亮度/对比度"属性面板，设置"亮度"为"9"，"对比度"为"50"，此时可发现图片变亮了，如图2-31所示。

图2-31　设置亮度/对比度

第三步 添加品牌标志、文字和图形

在主图中添加完素材文件并调整好图片颜色后，小艾决定在主图中添加品牌标志、文字和图形，以便消费者了解商品信息，增加对该商品的关注度，具体操作如下。

（1）打开"标志.png"素材文件（配套资源：\素材文件\项目二\标志.png），选择"移动工具" ✛ ，按住鼠标左键不放，将"标志.png"素材文件拖动到"猫咪.jpg"图像上方，调整标志的大小和位置，如图2-32所示。

（2）选择"横排文字工具" T. ，在标志的下方输入"不想喝水 也不会再缺水"。选择【窗口】/【字符】命令，打开"字符"面板，设置文字的字体为"思源黑体 CN"，字体样式为"Regular"，字号为"39.05点"，颜色为"#333333"，如图2-33所示。

图2-32　添加标志

图2-33　输入文字

（3）使用相同的方法输入其他文字，修改"猫咪的补水神器"的字体样

式为"Bold",然后调整文字的大小和位置,效果如图2-34所示。

（4）在工具箱中选择"直线工具" ⁄，在工具属性栏中单击"填充"右侧的色块，在打开的下拉列表中选择"黑色"选项，如图2-35所示，然后在右侧的"粗细"栏中输入"2"。

图2-34 输入其他文字的效果

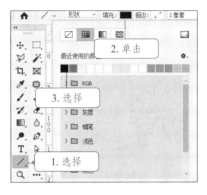

图2-35 设置填充色

（5）在"咪"字下方单击确定起始点，按住【Shift】键和鼠标右键不放向右拖动鼠标，到"神"字下方释放鼠标，完成直线的绘制，如图2-36所示。

（6）设置"前景色"为"#5d9390"。选择"矩形工具" ▢，在工具属性栏中单击"填充"右侧的色块，在打开的下拉列表中选择前景色，如图2-37所示。

图2-36 绘制直线

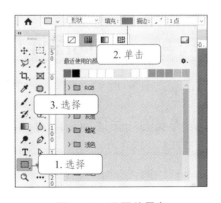

图2-37 设置前景色

（7）在直线上方的"补"字下单击确定起始点，按住鼠标左键并拖动，完成矩形的绘制，如图2-38所示。完成后的效果如图2-39所示。

（8）按【Shift+S】组合键打开"另存为"对话框，设置"文件名"为"主图.psd"，单击 保存(S) 按钮，如图2-40所示。按【Shift+Ctrl+S】组合键，

打开"另存为"对话框，在"保存类型"下拉列表框中选择"JPEG（*.JPG,
.JPEG,.JPE）"选项，单击 保存(S) 按钮，将其保存为JPG格式（配套资
源：\效果文件\项目二\主图.psd、主图.jpg）。

图2-38　绘制矩形

图2-39　查看完成后的效果

图2-40　"另存为"对话框

专家点拨

除了Photoshop，光影魔术手和美图秀秀也是比较常用的图像处理软件。光影魔术手的操作界面简洁，可以通过直接单击相应的功能按钮进行操作，能够轻松满足图片编辑、美化需求。美图秀秀简单易上手，除了基本的图片编辑操作外，还提供很多设计元素和美化元素，可以快速制作出各种效果的图片。

任务三　设计商品详情页

任务描述

和谐美观的商品详情页既可以增强商品的吸引力，也可以增加商品的售出概率。为了达到这样的效果，小艾首先根据商品的特征确定了商品详情页的风格和框架，然后按照商品信息的重要程度设计出了与商品风格一致的商品详情页。

任务实施

活动1　确定商品详情页的风格和框架

小艾围绕行业特性和商品卖点将商品详情页划分为五大模块，以此搭建出了商品详情页的框架。具体步骤如下。

第一步 确定商品详情页的风格

商品详情页的风格表现在商品详情页的色彩上，能体现商品的特性。小艾打算从行业特性和商品卖点等方面寻找合适的商品详情页色彩。

从行业特性来看，宠物食品主打健康、营养。从具体的商品卖点来看，该款猫条也主打健康、营养。于是，小艾决定围绕"健康"主题来设计商品详情页风格。因此，小艾选择绿色作为商品详情页的主色调，并用淡绿色、猫条中肉泥的淡橘红色作为商品详情页的辅助色。

第二步 确定商品详情页的框架

小艾将商品详情页划分为开头、中间、高潮、结尾4个部分，各部分的具体内容如表2-7所示。

表2-7 商品详情页的框架

框架构成	展示内容
开头	两种口味的发放情况
	猫舔舐猫条的图片
	说明猫条的特点并标明未添加不良成分
中间	分4步展示猫条具有营养：
	1. 细腻的肉泥；
	2. 包含多种维生素，补充猫的成长所需；
	3. 富含蛋白质和维生素的大块鸡胸肉，及其对猫的好处；
	4. 有浓郁香味的深海金枪鱼，及其对猫的好处
高潮	商品信息
结尾	以问答的形式回答消费者关注的几大问题

活动2 制作商品详情页

在确定商品详情页的风格与框架后，小艾开始制作商品详情页。商品详情页主要由焦点图、商品卖点图、商品信息展示图、商品问答图4个部分组成，主要体现商品的美味、自然、安全等特点，从而增强商品对消费者的吸引力。

第一步 设计焦点图

小艾打算制作一张体现商品美味的猫进食焦点图，以吸引消费者的注意，促进商品销售，具体操作如下。

（1）启动Photoshop CC 2020，选择【文件】/【新建】命令，打开"新建文档"对话框，设置"预设详细信息"为"商品详情页"，设置"宽度"为"790"像素，"高度"为"1560"像素，设置"分辨率"为"72"像素/英寸，设置"颜色模式"为"RGB颜色""8位"，单击 创建 按钮，如图2-41所示。

图2-41　新建文档

（2）打开"背景.jpg"素材文件（配套资源：\素材文件\项目二\背景.jpg），将其拖动到"商品详情页"图像文件的上方，并调整大小和位置，效果如图2-42所示。

（3）打开任务二中制作的"主图.psd"效果文件，将其中的产品图片、产品图片投影、品牌标志等拖动到背景图中，并调整其大小和位置，效果如图2-43所示。

（4）打开"图层"面板，单击"创建新的填充或调整图层"按钮，在打开的下拉列表中选择"曲线"选项。

（5）打开"曲线"属性面板，在曲线上单击添加调整点，向上拖动调整点，提高图片的亮度，如图2-44左图所示。

（6）选择"横排文字工具"　，在标志的下方输入文字，选择【窗口】/【字符】命令，打开"字符"面板，设置文字的字体为"思源黑体 CN"，字体样式为"Bold"，颜色为"#0a0405"，然后调整文字的大小和位置，如图2-44右图所示。

（7）选择"钢笔工具"　，在工具属性栏中的"选择工具模式"下拉列表框中选择"形状"选项，取消填充，设置描边颜色为"#000000"，描边大小为"1点"，然后在文字左上角单击，确定起始点，按住鼠标左键向下拖动，绘制一条直线，松开鼠标左键完成第一条线段的绘制，如图2-45所示。

（8）将线段向右拖动到适当位置后，在图片上单击确定下一点，如图2-46所示。

图2-42 添加背景素材

图2-43 添加素材

图2-45 绘制第一条线段

图2-44 提高亮度并输入文字

图2-46 确定下一点

（9）使用相同的方法，完成其他边的绘制，使其形成完整的图形，如图2-47所示。选中绘制好的图形，按住【Alt】键并将其向右下角拖动，复制图形，如图2-48所示。

图2-47 完整的图形

图2-48 复制图形

（10）选择复制的图形，按【Ctrl+T】组合键使图形呈自由变换状态，单击鼠标右键，在弹出的快捷菜单中选择"垂直翻转"命令，使图形垂直翻转，如图

2-49所示。再次单击鼠标右键，在弹出的快捷菜单中选择"水平翻转"命令，调整图形的方向，此时可发现两个图形是相互呼应的，调整图形的位置，如图2-50所示，完成焦点图的制作。

图2-49　垂直翻转图形

图2-50　完成后的效果

第二步　设计商品卖点图

制作完焦点图后，小艾在焦点图下方制作商品卖点图。商品卖点图用于展示猫条的营养性，方便消费者了解商品信息。设计商品卖点图的具体操作如下。

（1）选择【图像】/【画布大小】命令，打开"画布大小"对话框，设置"高度"为"7760"像素，在"定位"右侧的九宫格中，单击第一排中间的方向键，将画布向下延伸，单击 确定 按钮，如图2-51所示。

（2）选择"圆角矩形工具" ，在工具属性栏中单击"填充"按钮右侧的色块 ，在打开的下拉列表中单击"渐变"按钮 ，再在打开的下拉列表中设置渐变颜色分别为"#5d9390""#ffffff"，如图2-52所示，然后设置"半径"为"20"像素。

图2-51　设置画布大小

图2-52　设置圆角矩形渐变

（3）在图片下方空白区中单击，确定圆角矩形的起点，然后按住鼠标左键向右拖动，可发现拖动经过的位置出现圆角矩形轮廓，如图2-53所示，完成后再次单击，完成圆角矩形的绘制。

（4）选择【窗口】/【属性】命令，打开"属性"面板，设置"W"为"700像素"，"H"为"190像素"，调整圆角矩形的大小，如图2-54所示。或者直接在工具属性栏中调整圆角矩形的大小。

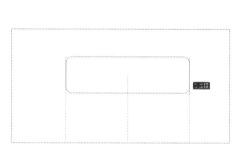

图2-53 绘制圆角矩形

图2-54 调整圆角矩形的大小

（5）双击圆角矩形所在图层，打开"图层样式"对话框，选中"投影"复选框，设置"不透明度"为"16%"，"角度"为"128"度，"距离"为"12"像素，"大小"为"62"像素，单击 确定 按钮，如图2-55所示。

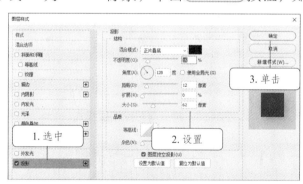

图2-55 设置投影参数

（6）选择"椭圆工具" ，设置"填充颜色"为"#5d9390"，在图像的下方绘制尺寸为1200像素×1200像素的圆。选择"矩形工具" ，在工具属性栏中单击"路径操作"按钮 ，在打开的下拉列表中选择"减去顶层形状"选项，然后在图像的超出部分绘制矩形，减去下方多余的部分，效果如图2-56所示。

（7）选择"圆角矩形工具" ，在工具属性栏中设置渐变颜色分别为"#5d9390""#ffffff"，"半径"为"20"像素，然后在下方空白区域绘制3个大小为213像素×320像素的圆角矩形，效果如图2-57所示。

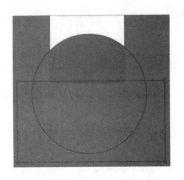

图2-56　绘制圆、矩形并减去多余部分

图2-57　绘制圆角矩形

（8）选择添加了投影的矩形所在的图层，在其上单击鼠标右键，在弹出的快捷菜单中选择"拷贝图层样式"命令，按住【Shift】键不放，依次选择所绘制的矩形和椭圆所在图层，在其上单击鼠标右键，在弹出的快捷菜单中选择"粘贴图层样式"命令，为其他形状添加投影效果，如图2-58所示。

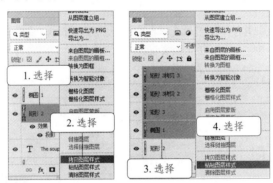

图2-58　拷贝与粘贴图层样式

（9）打开"图标.psd"素材文件（配套资源：\素材文件\项目二\图标.psd），将图标拖动到图形的上方，调整图标的大小和位置，如图2-59所示。

（10）选择"横排文字工具" T，在标志的下方输入图2-60所示的文字，分别设置文字的字体为"思源黑体 CN""Impact"，字体样式为"Bold""Normal"，颜色为"#ffffff""#efe7cb"，最后调整文字的字号和位置。

（11）选择"矩形工具" ，使用绘制圆角矩形的方法，在椭圆下方的空白处，绘制一个大小为790像素×1200像素，填充颜色为"#5d9390"的矩形，如图2-61所示。

（12）打开"素材1.jpg"素材文件（配套资源：\素材文件\项目二\素材1.jpg），将其拖动到矩形的上方，按【Ctrl+Alt+G】组合键创建剪贴蒙版，效果如图2-62所示。

图2-59　添加图标

图2-60　输入文字

图2-61　绘制矩形

图2-62　添加素材

（13）选择"横排文字工具" 	，在矩形的上方输入图2-63所示文字，设置文字的字体为"思源黑体 CN"，字体样式分别为"Bold""Normal"，然后调整文字的字号和位置。

（14）选择"矩形工具" 	，在"谁说猫条没营养?""01"文字下方绘制矩形，在工具属性栏中设置渐变颜色分别为"#5d9390""#ffffff"，然后调整矩形的位置，效果如图2-64所示。

（15）选择"直线工具" 	，在工具属性栏中设置"填充"为"#a2acbc"，设置"粗细"为"1像素"，然后在"细腻肉泥　呵护猫的娇嫩肠胃"文字上下两侧分别绘制一条直线，然后在打开的"图标.psd"素材文件中，将"矢量1"素材拖动到图像中，调整素材的大小和位置，效果如图2-65所示。

图2-63　输入文字　　　　图2-64　绘制矩形　　　　图2-65　绘制直线并添加素材

（16）选择"矩形工具" ，在图像下方绘制一个大小为790像素×1490像素的矩形，在工具属性栏中设置渐变颜色分别为"#f0e3bf""#fcf4dc"，"渐变样式"为"径向"，单击"反向渐变颜色"按钮 ，效果如图2-66所示。

（17）依次打开"素材2.png""猫.png""气泡.png"素材文件（配套资源：\素材文件\项目二\素材2.png、猫.png、气泡.png），将相应素材拖动到矩形上方，调整素材的大小和位置，并按【Ctrl+Alt+G】组合键创建剪贴蒙版，效果如图2-67所示。

（18）使用步骤（13）~步骤（15）的方法输入文字并绘制矩形和直线，然后将"图标.psd"素材文件中的"矢量2"素材拖动到图像中，调整素材的大小和位置，效果如图2-68所示。

图2-66　绘制矩形　　　　图2-67　添加素材　　　　图2-68　输入文字、绘制图形和

添加素材

（19）选择"矩形工具"，绘制一个大小为690像素×805像素的矩形，在工具属性栏中设置填充颜色为"#ffe8d2"，打开"素材3.jpg"素材文件（配套资源：\素材文件\项目二\素材3.jpg），将素材拖动到图像中，调整素材的大小和位置，并按【Ctrl+Alt+G】组合键创建剪贴蒙版，效果如图2-69所示。

（20）使用步骤（13）~步骤（15）的方法输入文字并绘制矩形和直线，然后将"图标.psd"素材文件中的"矢量3"素材拖动到图像中，调整素材的大小和位置，效果如图2-70所示。使用相同的方法，在图像的下方制作图2-71，完成商品卖点图的制作。

图2-69　绘制矩形并添加素材

图2-70　输入文字、绘制图形
和添加素材

图2-71　其他卖点图

第三步　设计商品信息展示图

商品信息展示图用于展示商品的详细信息，如原材料、成分等。设计商品信息展示图的具体操作如下。

（1）选择【图像】/【画布大小】命令，打开"画布大小"对话框，设置"高度"为"13100"像素，在"定位"右侧的九宫格中，单击第一排中间的方向键，设置画布向下延伸，单击 确定 按钮。

（2）选择"矩形工具"，绘制一个大小为790像素×1470像素的矩形，设置填充颜色为"#fff4cd"，打开"猫2.jpg"素材文件（配套资源：\素材文件\项目二\猫2.jpg），将素材拖动到图像中，调整素材的大小和位置，按

【Ctrl+Alt+G】组合键创建剪贴蒙版，效果如图2-72所示。

（3）使用"矩形工具" ，绘制一个大小为790像素×300像素的矩形，设置填充颜色为"#8caf9d"，再次使用"矩形工具" 绘制一个大小为790像素×20像素的矩形，设置填充颜色为"#aecdbc"，如图2-73所示。

（4）打开"商品矢量图.png"素材文件（配套资源：\素材文件\项目二\商品矢量图.png），将素材拖动到图像中，调整素材的大小和位置，如图2-74所示。

图2-72　绘制矩形并添加素材　　　　图2-73　绘制其他矩形　　　　图2-74　添加素材

（5）打开"人物和猫.png"素材文件（配套资源：\素材文件\项目二\人物和猫.png），将素材拖动到图像中，调整素材的大小和位置。

（6）选择"横排文字工具" ，在标志的下方输入图2-75所示的文字，设置文字的字体为"思源黑体 CN"，字体样式分别为"Bold""Normal"，然后调整文字的字号、位置。

（7）选择"圆角矩形工具" ，在文字下方绘制3个大小为450像素×60像素的圆角矩形，设置填充颜色为"#fffcf4"，描边颜色为"#fff8e4"，描边宽度为"7像素"，如图2-76所示。

（8）选择"矩形工具" ，在文字下方绘制一个大小为790像素×1140像素的矩形，设置填充颜色为"#f0e3bd"。打开"猫3.jpg""素材5.png"素材文件（配套资源：\素材文件\项目二\猫3.jpg、素材5.png），将素材拖动到图像中，调整素材的大小和位置，并对"猫3"创建剪贴蒙版。

（9）选择"横排文字工具" T，在图像上方输入"一条在手 猫咪我有""搞定'高冷喵'，增进感情"文字，设置文字的字体为"思源黑体CN"，字体样式分别为"Bold""Normal"，然后调整文字的字号、位置和颜色，效果如图2-77所示。

图2-75 输入文字

图2-76 绘制圆角矩形

图2-77 输入文字

（10）选择"矩形工具" ，在文字下方绘制一个大小为790像素×2440像素的矩形，并设置填充颜色为"#f0f0f0"，选择"圆角矩形工具" ，再绘制740像素×2500像素的圆角矩形，并设置填充颜色为"#ffffff"。

（11）选择"横排文字工具" T，在圆角矩形上方输入图2-78所示的文字，设置文字的字体为"思源黑体 CN"，字体样式分别为"Bold""Normal"，然后调整文字的字号、位置。

（12）选择"直线工具" ，设置填充颜色为"#333333"，粗细为"1像素"，然后在"产品信息"文字中绘制线段，对文字进行分割，如图2-79所示。

（13）打开"商品尺寸图.png"素材文件（配套资源：\素材文件\项目二\商品尺寸图.png），将素材拖动到图像中，调整大小和位置，如图2-80所示。

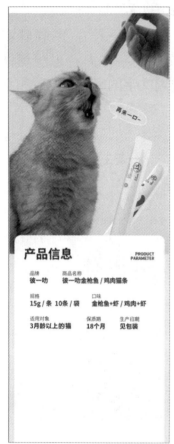

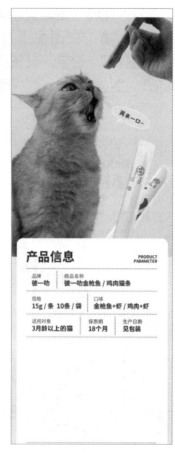

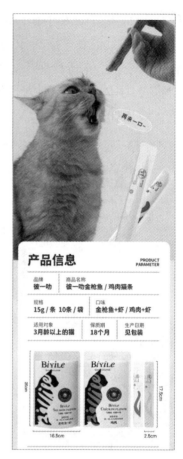

图2-78　输入文字　　　　　图2-79　绘制线段　　　　　图2-80　添加素材

（14）选择"矩形工具" ，分别绘制大小为400像素×20像素、635像素×250像素、635像素×138像素、635像素×168像素的矩形，在工具属性栏中设置渐变颜色分别为"#5d9390""#ffffff"，然后调整矩形的位置，如图2-81所示。

（15）选择"横排文字工具" ，在矩形的上方输入图2-82所示的文字，设置文字的字体为"思源黑体 CN"，字体样式分别为"Bold""Normal"，然后调整文字的字号、位置。

（16）选择"圆角矩形工具" ，在"商品成分分析保证值""原料组成""添加剂组成"文字下方绘制颜色为"#ffffff"的圆角矩形，并使用"直线工具" 在矩形下方绘制一条直线，起到分割的作用。口味图1制作完毕，如图2-82所示。

（17）框选"金枪鱼+虾口味"的整个内容，复制并修改内容，并在底部添加一条注意事项，完成口味图2的制作，效果如图2-83所示。

图2-81 绘制矩形　　　　　图2-82 制作口味图1　　　　　图2-83 制作口味图2

第四步 设计商品问答图

为了增加消费者对商品的了解，小艾决定在商品详情页的结尾设计商品问答图，解答消费者的常见困惑，以促进销售，具体操作如下。

（1）使用前面相同的方法将画布高度调整为"13100"像素，选择颜色为"#f0f0f0"的矩形，将尺寸修改为790像素×3320像素，选择"圆角矩形工具" □，绘制一个大小为740像素×2500像素的圆角矩形，并设置填充颜色为"#ffffff"。

（2）选择"横排文字工具" T，在矩形中输入图2-84所示的文字，设置文字的字体为"思源黑体CN"，字体样式为"Bold""Normal"，然后调整文字的字号、位置。

（3）选择"矩形工具" □，在问题文字下方绘制矩形，在工具属性栏中设置渐变颜色分别为"#5d9390""#ffffff"，然后调整矩形的位置，如图2-85所示。

（4）绘制直线，对文字进行分割，效果如图2-86所示。

图2-84 绘制矩形并输入文字　　　图2-85 绘制渐变矩形　　　图2-86 绘制直线

（5）完成后按【Ctrl+S】组合键保存图像，完成商品详情页的设计，效果如图2-87所示（配套资源：\效果文件\项目二\商品详情页.psd、猫条详情.jpg）。

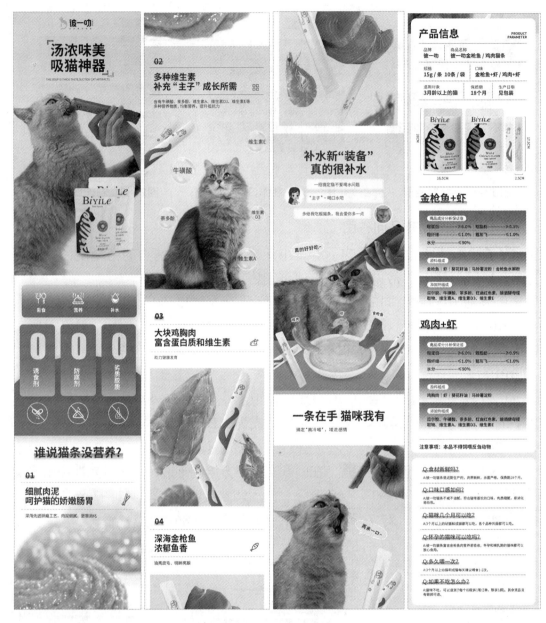

图2-87 完成后的效果

任务四 上传和发布商品

任务描述

完成商品主图和商品详情页的设计后，小艾需要在图片空间上传商品图片，并在千牛卖家中心发布一口价商品。

任务实施

活动1 上传商品图片

图片空间是淘宝为商家提供的免费的图片存储空间，以便商家管理图片素材。小艾通过千牛卖家中心进入图片空间，将设计好的商品图片上传到图片空间中，以便发布商品时可以直接在图片空间中选择图片，具体操作如下。

（1）进入千牛卖家中心，在"店铺管理"栏中单击"图片空间"超链接，如图2-88所示。

（2）进入图片空间，在页面上方单击 上传 按钮。打开"上传图片"对话框，单击"上传到"右侧的下拉按钮∨，在展开的下拉列表中选择"猫条"选项，如图2-89所示。

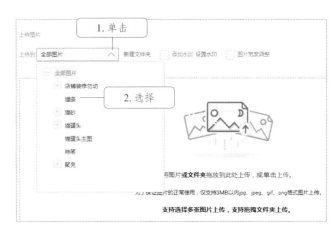

图2-88　单击"图片空间"超链接　　　图2-89　选择图片上传位置

（3）单击 上传 按钮，打开"打开"对话框，选择要上传的商品图片（配套资源：\效果文件\项目二\主图\主图1.jpg、1.png、2.jpg、猫条内容物.jpg、图层1-1.png），单击 打开(O) ▾ 按钮，如图2-90所示。

（4）打开"上传结果"对话框，查看图片上传结果，如图2-91所示，单击 确定 按钮返回图片空间，查看上传的图片。使用相同的方法上传商品详情图。

> **专家点拨**
>
> 首次上传图片时，商家可以将图片进行归类，分别上传到不同的文件夹中，以便发布商品时能够快速找到想要的图片。具体方法：在"上传图片"对话框中单击 新建文件夹 按钮，打开"新建文件夹"对话框，为文件夹命名，单击 确定 按钮返回"上传图片"对话框，此时图片上传位置默认为该文件夹。

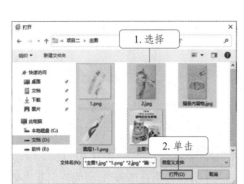

图2-90 选择图片

图2-91 查看上传结果

活动2 在千牛卖家中心发布商品

发布商品是指将商品信息上传至网店中。小艾将进入商品发布页面设置商品的各项信息并发布商品，具体操作如下。

（1）登录淘宝，在淘宝首页右上角单击"千牛卖家中心"超链接，进入千牛卖家中心。单击"宝贝管理"栏下的"发布宝贝"超链接，如图2-92所示。

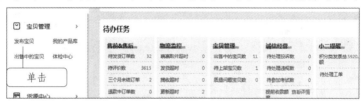

图2-92 单击"发布宝贝"超链接

（2）打开商品发布页面，在列表框中依次选择"宠物/宠物食品及用品""猫零食""妙鲜包/袋/条""彼一叻"选项，在"品名"文本框中输入商品名称"猫咪猫条"，然后单击 下一步，发布商品 按钮，如图2-93所示。

图2-93 选择商品类目

（3）在"产品信息"面板中设置产地、重量和适用阶段，选中"我确认以上产品信息无误，并为我提交的信息负责"复选框，如图2-94所示。

图2-94　设置产品信息

（4）在"商品属性"面板中设置"是否进口"为"否"、"套装规格"为"单品"，如图2-95所示。

图2-95　设置商品属性

（5）在"属性库存信息"面板中，在"口味"列表框中选中"金枪鱼+鸡肉"复选框；在"净含量"数值框中输入"300"；单击"单位"下拉按钮∨，选择"g"选项，单击 添加 按钮，设置后如图2-96所示。

（6）在"价格"数值框中输入"69.90"，在"商品销售规格"表中单击 进入全库编辑模式 按钮，如图2-97所示。

（7）打开"SKU表"对话框，分别输入价格为"69.9"、数量为"6000"，单击 完成编辑 按钮，如图2-98所示。

图2-96　设置口味和净含量

图2-97　单击"进入全屏编辑模式"按钮

图2-98　设置商品SKU

（8）在"商品物流信息"面板中，设置商品所在地，并选中"邮寄"复选框，默认选中"卖家承担运费"单选项，如图2-99所示。

（9）打开"商品描述"面板，在"商品标题"文本框中输入"彼一叻猫条猫咪零食金枪鱼鸡胸肉营养增肥发腮补水湿粮15g×20支"，单击 ![从图片空间选择] 按钮，打开图片空间，选择之前上传的猫条商品图片，然后在页面空白处单击，完成图片的选择，完成后如图2-100所示。使用相同的方法将猫条商品图片上传至"商品无线主图"栏下，将"图层1-1.png"图片上传至"透明素材图"栏下。

图2-99 设置商品物流信息

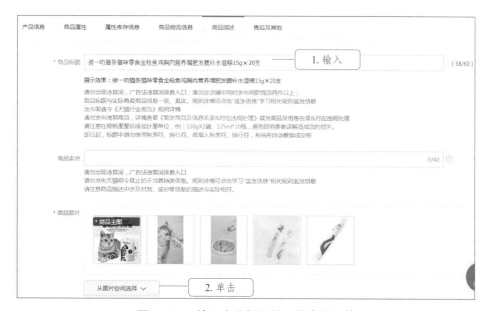

图2-100 输入商品标题并上传商品图片

（10）在"PC端描述"工具箱中单击 从图片空间选取 按钮，如图2-101所示，打开"选择图片"对话框，选择"主图1.jpg"。

（11）打开"售后及其他"面板，选中"定时上架"单选项，在"设定至"列表框中单击 按钮，在打开的列表中设置上架时间，设置好后单击 确定 按钮，如图2-102所示。

（12）单击 提交 按钮，完成商品的发布。发布后的效果如图2-103所示。

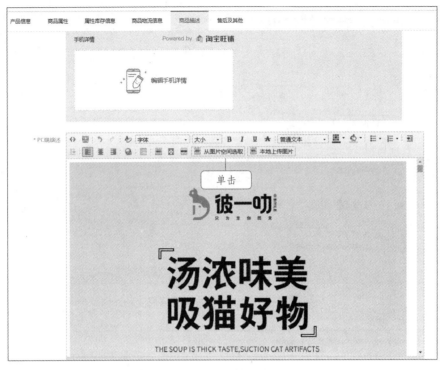

图2-101　上传焦点图

图2-102　设置定时上架时间

图2-103　发布后的效果

项目总结

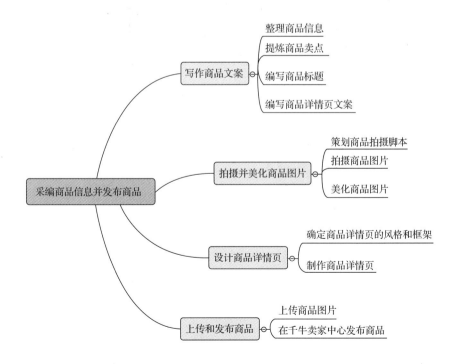

项目三
装修网店

情境创设

　　开通网店后，店铺页面是默认的，并不美观，因此老李又布置了网店的装修工作给小艾，包括确定网店首页的组成模块、设计网店首页、装修网店首页等。

　　小艾接到任务后先对网店首页的组成模块进行了分析，确定了在网店首页展示商品和活动信息。商品主要是新品，活动主要是半价试用、领券立减等优惠活动，用于吸引消费者在网店中购物。

 学习目标 -

　　　知识目标

1. 了解网店首页的组成模块。
2. 了解网店首页的装修方法。

　　　技能目标

1. 掌握不同模块的设计与装修方法。
2. 能够根据网店的需要，完成网店首页的设计与装修。

　　　素养目标

1. 培养对网店首页效果的分析与审美能力。
2. 不虚假宣传，实事求是。

任务一 搭建网店首页组成模块

任务描述

在装修网店前通常需要先搭建网店首页组成模块，为此，小艾决定先了解网店首页的组成模块，再通过对比分析确定本网店首页的组成模块。

任务实施

网店首页的布局是否合理，效果是否美观，是影响网店能否吸引消费者的重要因素。因此，小艾对比分析了其他宠物食品/用品网店的首页（见图3-1），发现这些网店的首页基本包括店铺招牌、轮播海报、优惠券、促销专区等模块。这说明，"彼一叻"宠物用品网店的首页也需要包括这些模块。网店的活动信息主要通过轮播海报进行展示，因此小艾决定去掉"优惠券"模块，只保留店铺招牌、轮播海报和促销专区等模块。

图3-1 其他宠物用品网店的首页

第一步 确定店铺招牌

店铺招牌位于网店首页的顶部，包括招牌内容和导航两个部分。

- **招牌内容**：招牌内容位于店铺页面的顶端，主要由店铺标志、店铺广告语和收藏按钮等组成。因此，小艾决定在该位置展示"彼一叻"的店铺标志、广告语"只为宠你而来"等内容。
- **导航**：导航位于招牌内容的下方，主要用于展示店铺的分类信息。因此，小艾决定展示产品的分类，包括猫砂、罐头和猫条。

第二步 确定轮播海报

轮播海报一般位于店铺招牌的下方，主要用于展示店铺当前的活动、主推的商品或具体的优惠信息等。轮播海报至少要有两张，并且内容要突出活动信息、商品卖点，海报要有较强的视觉吸引力。因此，小艾决定将"三合一混合猫砂"（见图3-2）和"猫条"（见图3-3）作为主推商品，并在轮播海报中体现其卖点和优惠信息。

（1）混合猫砂。混合猫砂的卖点和优惠信息如下。

- **卖点信息**：根源除臭，STA除臭颗粒，吸附异味。
- **优惠信息**：新品上架，半价试用。

（2）猫条。猫条的卖点和优惠信息如下。

- **卖点信息**：一条在手，搞定"高冷猫"。
- **优惠信息**：2袋口味试吃装，拍下立减20元。

图3-2　三合一混合猫砂

图3-3　猫条

第三步 确定促销专区

促销专区是网店首页的主要内容，占据了网店首页的大部分版面。为了让消费者一眼就看到店铺的促销商品，小艾决定在轮播海报的下方设计促销专区。促销专区中共有3个商品，分别是猫罐头、猫砂和猫条。各商品的促销信息如下。

（1）猫罐头。猫罐头的商品图片如图3-4所示；商品标题——添加山羊奶的羊奶鲜炖金枪鱼罐头；宣传口号——有羊奶，更好一点；商品规格——混合口味礼盒装，80g×10罐；优惠信息——领券立减30元。

（2）猫砂。猫砂的商品图片如图3-5所示；商品标题——7∶3科学配比混合猫砂；宣传口号——淡淡奶香，好喜欢；商品规格——6L；优惠信息——一袋低至14.98元，8袋领券减80元。

图3-4　猫罐头

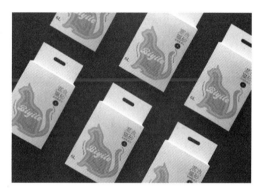

图3-5　猫砂

（3）猫条。猫条的商品图片如图3-6所示；商品标题——吸猫神器、营养补水；宣传口号——多喝水，更健康；商品规格——150g一袋，一袋15g×10条；优惠信息——6袋"吃货"囤货装，一袋低至11.58元。

图3-6　猫条

知识窗

网店首页的模块主要包括以下9个。在进行网店首页的布局时，商家需要合理地组合使用这些模块。

- **宝贝推荐**：该模块主要用于展示店铺中销售得较好的商品。
- **默认分类**：该模块用于归类放置店铺的商品，并将商品按销量、收藏、价格、新品进行排列，引导消费者按类别选择需要的商品。
- **个性分类**：商家根据自己店铺的特色和喜好，用一些个性化的文字或图片来设计商品的分类标签，可以在引导消费者消费的同时加深消费者对店铺的印象。
- **图片轮播**：该模块用于放置单品或新品的促销广告，从而吸引消费者购买，是开展促销活动时的必备模块。
- **全屏宽图与全屏轮播**：商家可在该模块设置宽度为1920像素的全屏海报与全屏轮播图，其在网店首页中所占的区域较大，能给人带来震撼性的视觉效果，也是开展促销活动时常用的模块，但需要付费。
- **自定义区**：由于没有固定尺寸的限制，该模块可以用来展示特色商品或店铺活动，是店铺装修常用的模块。自定义区模块结合码工助手可用于制作全屏宽图或全屏轮播。
- **优惠券**：优惠券用于展示店铺的促销推广信息，一般要显示优惠券的面值、使用范围、使用条件和使用时间。
- **宝贝搜索**：设置搜索的关键词和价格区间，以便消费者搜索店铺内的所有商品。
- **客服中心**：在店铺首页的页头、页中以及页尾处一般都需要添加客服中心模块，其目的在于让消费者很方便地咨询客服商品的相关信息。

 **知识窗**

任务二 设计网店首页

任务描述

确定好网店首页的模块组成后，小艾将一步步设计网店首页的店铺招牌、轮播海报和促销专区等模块。

任务实施

👤 活动1　设计店铺招牌

店铺招牌的尺寸一般为1920像素×150像素。由于"彼一叻"品牌Logo的颜色为蓝色，因此小艾在设计店铺招牌时，取其同类色作为主色，在店铺招牌中添加品牌Logo、品牌标语，以及店铺分类等信息，并将其以JPG格式保存，以便后期上传到图片空间，用于店铺装修，具体操作如下。

（1）启动Photoshop CC 2020，选择【文件】/【新建】命令，打开"新建文档"对话框，在"预设详细信息"栏中输入文件名称"店铺招牌"，设置"宽度"为"1920"像素，"高度"为"150"像素，"分辨率"为"72"像素/英寸，单击 创建 按钮，如图3-7所示。

（2）按【Ctrl+R】组合键打开标尺，选择"矩形选框工具" ⬚ ，在工具属性栏中设置"样式"为"固定大小"，"宽度"为"485像素"，在左上角单击创建选区，如图3-8所示。从左侧的标尺上拖动参考线，直到与选区右侧对齐，使用相同的方法在文件右侧添加参考线。

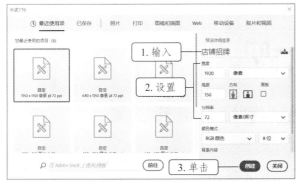

图3-7　新建文档

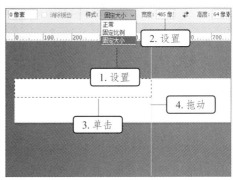

图3-8　添加参考线

👤 专家点拨

　　由于每台计算机的屏幕大小不同，显示出来的店铺招牌大小也不同。为了保证店铺招牌中的信息显示完整，需要在店铺招牌两边留出485像素的宽度，不放置信息。

（3）选择【文件】/【置入嵌入对象】命令，打开"置入嵌入的对象"对话框，选择"品牌Logo.png"素材文件（配套资源：\素材文件\项目三\品牌Logo.png），单击 置入(P) 按钮，如图3-9所示。

（4）按【Ctrl+T】组合键，进入自由变换状态，拖动品牌Logo图片四周的变换点调整图片的大小，完成后按【Enter】键。然后选择"移动工具"  这里应为移动工具图标，将品牌Logo移动到左侧参考线的旁边，效果如图3-10所示。

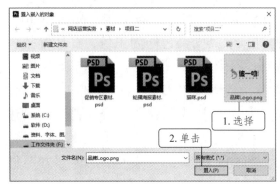

图3-9　添加素材

图3-10　调整图片

（5）选择"直线工具" ，在工具属性栏中设置描边颜色为"#313131"，粗细为"1像素"，拖动鼠标在品牌Logo图片右侧绘制一条竖线，如图3-11所示。

图3-11　绘制竖线

（6）选择"横排文字工具" T，在工具属性栏中设置字体为"思源黑体CN"，文本颜色为"#1f4f4b"，文字大小为"65.37点"，然后在竖线的右侧输入文本"只为宠你而来"，效果如图3-12所示。

图3-12　输入文字

（7）选择"圆角矩形工具" ，在工具属性栏中设置填充颜色为"#c8dbd5"，在文字的右侧绘制一个"半径"为"30像素",大小为196像素×85像素的圆角矩形,效果如图3-13所示。

图3-13 绘制圆角矩形

(8)新建图层,选择"画笔工具"，在工具属性栏中设置画笔为"柔边圆",画笔大小为"160",设置填充颜色为"#1c4946",在圆角矩形的上方和下方分别创建图形,效果如图3-14所示。

(9)选择绘制好的图形,单击鼠标右键,在弹出的快捷菜单中选择"创建剪贴蒙版"命令,效果如图3-15所示。

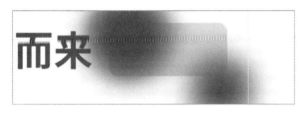

图3-14 绘制图形

图3-15 创建剪贴蒙版

(10)选择"横排文字工具"，在圆角矩形中输入"3元",在工具属性栏中设置字体为"思源黑体 CN",调整字体的大小和位置,效果如图3-16所示。

(11)选择"横排文字工具"，输入其他文字,设置字体为"思源黑体 CN",调整字体的大小和位置,效果如图3-17所示。

(12)选择"矩形工具"，在"成为朋友有好礼"文字下方绘制一个大小为108像素×76像素的矩形,并设置填充颜色为"#fffbe9",效果如图3-18所示。

图3-16 输入文字

图3-17 输入其他文字

图3-18 绘制矩形

（13）选择"矩形工具" ，在店铺招牌下方绘制一个大小为1920像素×30像素的矩形，并设置填充颜色为"#93b2b0"，效果如图3-19所示。

图3-19 绘制矩形

（14）选择"横排文字工具" ，输入图3-20所示的文字，设置字体为"思源黑体 CN"，调整字体的大小和位置。

图3-20 输入文字

（15）打开"猫咪.psd"素材文件（配套资源：\素材文件\项目三\猫咪.psd），使用"移动工具" 将猫咪图片拖动到"店铺招牌"的导航部位，按【Ctrl+T】组合键调整猫咪图片的大小，然后调整其位置，效果如图3-21所示。

图3-21 添加图片

（16）选择【文件】/【存储为】命令，打开"另存为"对话框，在"保存类型"下拉列表中选择"JPEG"选项，单击 保存(S) 按钮（配套资源：\效果文件\项目三\店铺招牌.psd、店铺招牌.jpg）。

👤 活动2 设计轮播海报

老李查看了店铺招牌的效果后，非常满意，让小艾继续制作轮播海报，并要求轮播海报要体现出商品的优惠信息，且简洁、美观，与店铺招牌的风格一致。

主推商品"三合一混合猫砂"的优惠力度大，非常有吸引力，于是小艾决定根据该商品设计轮播海报，具体操作如下。

（1）启动Photoshop CC 2020，选择【文件】/【新建】命令，打开"新建文档"对话框,设置"预设详细信息"为"轮播海报",设置"宽度"为"1920"像素,"高度"为"800"像素,"分辨率"为"72"像素/英寸,单击 创建 按钮。

（2）选择"矩形工具" ,绘制一个大小为1920像素×800像素的矩形,并设置填充颜色为"#225551",效果如图3-22所示。

（3）打开"轮播海报素材.psd"素材文件（配套资源：\素材文件\项目三\轮播海报素材.psd）,将素材文件中的背景拖动到矩形中,并调整大小和位置,效果如图3-23所示。

图3-22 绘制矩形

图3-23 添加背景

（4）双击背景图层,打开"图层样式"对话框,选中"颜色叠加"复选框,设置叠加颜色为"#0f3230",单击 确定 按钮,如图3-24所示。

（5）返回图像编辑区,在"图层"面板中,设置"不透明度"为"80%",完成背景的制作,效果如图3-25所示。

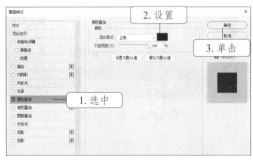

图3-24 设置颜色叠加及参数

图3-25 设置后的背景效果

（6）在打开的"轮播海报素材.psd"素材文件中,将商品素材和装饰素材拖动到图像编辑区中,并调整其大小和位置,效果如图3-26所示。

（7）双击商品所在图层,打开"图层样式"对话框,选中"投影"复选框,设置"不透明度"为"18"%,"角度"为"120"度,"距离"为"29"像素,"扩展"为"0"%,"大小"为"35"像素,单击 确定 按钮,如图3-27所示。

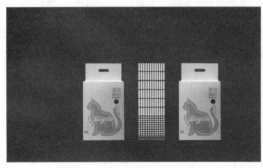
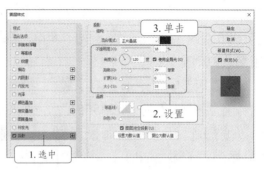

图3-26　添加素材　　　　　　　　图3-27　设置投影及参数

（8）返回图像编辑区可发现，商品已经添加了投影，选择该商品所在图层，在其上单击鼠标右键，在弹出的快捷菜单中选择"拷贝图层样式"命令，然后在其他需要添加投影的图层上单击鼠标右键，在弹出的快捷菜单中选择"粘贴图层样式"命令，效果如图3-28所示。

（9）选择"横排文字工具" [T]，输入图3-29所示的文字，设置字体为"思源黑体 CN"，调整字体的大小和位置。

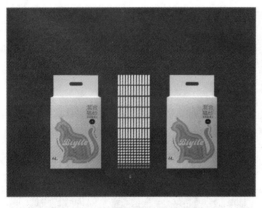
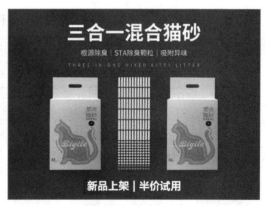

图3-28　粘贴图层样式后的效果　　　　图3-29　输入文字

（10）选择"直线工具" [/]，在"根源除臭丨STA除臭颗粒丨吸附异味"文字的上下两边分别绘制一条直线。

（11）选择"圆角矩形工具" [□]，设置填充颜色为"#011513"，在"新品上架丨半价试用"文字下方绘制一个"半径"为"30像素"，大小为538像素×76像素的圆角矩形，效果如图3-30所示。

（12）完成后选择【文件】/【存储为】命令，打开"另存为"对话框，在"保存类型"下拉列表中选择"JPEG"选项，单击 保存(S) 按钮（配套资源:\效果文件\项目三\轮播海报.psd、轮播海报.jpg）。

图3-30 设置后的背景效果

专家点拨

轮播海报的主题要明确，一般是将商品的卖点和优惠信息提炼成简练的文字，并搭配商品图片放在轮播海报的中间位置。需要注意的是，轮播海报的背景应根据商品和品牌色调来选择，并且字体通常不超过3种，字号一般较大，以使文字醒目。

动手做

制作第二张轮播海报

请同学们两两一组，以猫条为主题，按如下要求制作第二张轮播海报。参考效果如图3-31所示（配套资源:\效果文件\项目三\轮播海报2.psd、轮播海报2.jpg）。

1. 以淡黄色为主色，展现猫舔舐猫条的状态。
2. 体现猫条的卖点和优惠信息。
3. 整体要美观，风格要与第一张轮播海报统一。

图3-31 第二张轮播海报的效果参考

活动3 设计促销专区

促销专区主要用于展示不同类型的促销商品，该区域是网店首页中商品数量最多的区域之一，也是商家向消费者直接推广店铺商品的区域，能引导消费者进行消费。小艾决定好好设计促销专区，以便消费者了解促销商品。

小艾根据促销商品的数量，在设计时将促销专区分成了3个部分，每个部分对应一个商品，方便进行促销商品的展现，具体操作如下。

（1）启动Photoshop CC 2020，选择【文件】/【新建】命令，打开"新建文档"对话框，设置"预设详细信息"为"促销专区"，设置"宽度"为"1920"像素，"高度"为"2080"像素，"分辨率"为"72"像素/英寸，单击 创建 按钮。

（2）按【Ctrl+R】组合键打开标尺，选择"矩形选框工具" ，在工具属性栏中设置"样式"为"固定大小"，设置"宽度"为"210像素"、"高度"为"670像素"，在左上角单击创建选区，从上方的标尺上拖动参考线直到参考线与选区底部对齐，使用相同的方法在文件下方添加参考线，然后创建"宽度"为"210像素"的参考线，如图3-32所示。

（3）选择"矩形工具" ，绘制一个大小为1500像素×500像素的矩形，并设置填充颜色为"#225551"，效果如图3-33所示。

图3-32 添加参考线

图3-33 绘制矩形

（4）选择"圆角矩形工具" ，设置填充颜色为"#e5e5e5"，在矩形的左下方绘制一个大小为785像素×530像素的圆角矩形，效果如图3-34所示。

（5）打开"促销专区素材.psd"素材文件，将猫罐头素材拖动到圆角矩形上方，并调整其大小和位置。选择猫罐头图层，单击鼠标右键，在弹出的快捷菜单中选择"创建剪贴蒙版"命令，将素材置入圆角矩形，效果如图3-35所示。

图3-34 绘制圆角矩形

图3-35 置入图片素材

（6）将"促销专区素材.psd"素材文件（配套资源：\素材文件\项目三\促销专区素材.psd.psd）中的猫零食矢量素材添加到编辑区中，并调整素材的大小和位置，效果如图3-36所示。

（7）新建图层，将新建的图层移动到素材的下方。选择"画笔工具" ，在工具属性栏中设置画笔为"柔边圆"，画笔大小为"100"，填充颜色为"#000000"，在矢量素材的下方绘制投影，效果如图3-37所示。

图3-36 添加素材

图3-37 绘制投影

（8）将"促销专区素材.psd"素材文件中的猫矢量素材添加到编辑区中，并调整素材的大小和位置，效果如图3-38所示。

（9）选择"矩形工具" ，绘制一个大小为560像素×87像素的矩形，并设置填充颜色为"#fff2d7"，效果如图3-39所示。

图3-38 添加素材

图3-39 绘制矩形

（10）选择【窗口】/【属性】命令，打开"属性"面板，单击 按钮，取消矩形各个角的链接，设置各个角的弧度分别为"20像素""20像素""0像素""20像素"，效果如图3-40所示。

图3-40　修改矩形各个角的弧度

（11）选择"矩形工具" ，绘制271像素×124像素的矩形，并设置填充颜色为"#193f3c"，效果如图3-41所示。

（12）选择刚刚绘制的矩形，单击鼠标右键，在弹出的快捷菜单中选择"创建剪贴蒙版"命令，将刚刚绘制的矩形置入圆角矩形，效果如图3-42所示。

图3-41　绘制矩形　　　　　　　　　　　　图3-42　置入圆角矩形

（13）再次选择"矩形工具" ，绘制一个大小为280像素×54像素的矩形，在"属性"面板中设置各个角的弧度分别为"26像素""26像素""0像素""0像素"，效果如图3-43所示。

（14）选择"横排文字工具" ，输入图3-44所示的文字，设置文字的字体分别为"思源黑体 CN""方正大黑简体"，调整文字的大小和位置，并设置颜色分别为"#ffffff""#333333"。

图3-43　绘制带圆角的矩形　　　　　　　　图3-44　输入文字并绘制直线

（15）选择"直线工具"，在"添加山羊奶的羊奶鲜炖金枪鱼罐头"文字下方绘制一条直线。

（16）框选所有内容，按住【Alt】键向下拖动以复制内容，效果如图3-45所示。

（17）选择所有复制内容，按【Ctrl+T】组合键使其呈变形状态，在其上单击鼠标右键，在弹出的快捷菜单中选择"水平翻转"命令，对其进行水平翻转操作，效果如图3-46所示。

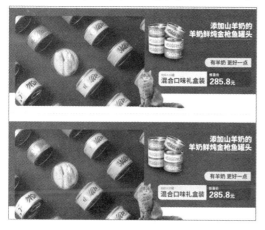

图3-45 复制内容

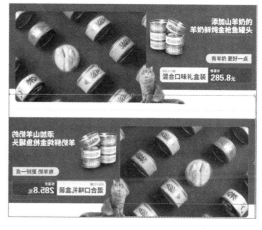

图3-46 水平翻转复制的内容

（18）删除复制的素材和文字，在打开的"促销专区素材.psd"素材文件中，将矢量素材添加进编辑区，调整其大小和位置，按【Ctrl+Alt+G】组合键将圆角矩形上方的图片置入圆角矩形，并修改圆角矩形的颜色为"#12312f"，如图3-47所示。

（19）选择"横排文字工具"，输入图3-48所示的文字，设置文字的字体分别为"思源黑体 CN""方正大黑简体"，调整文字的大小和位置，并设置颜色分别为"#ffffff""#333333"。

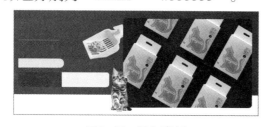

图3-47 添加素材

图3-48 输入文字

（20）选择最上方的内容，按住【Alt】键向下拖动复制内容，使用步骤（18）至步骤（19）的方法修改内容和位置，完成后按【Ctrl+S】组合键保存文件，效果如图3-49所示。

图3-49　完成后的效果

知识窗

在制作促销专区模块的内容时，为了吸引消费者的眼球，通常需要制作相应的海报，配合商品图片、名称、价格等信息对促销商品进行展示。制作促销专区时，为了发挥其最大效用，需要注意以下3个方面的内容。

（1）促销专区中的每一个商品的名称定义要全面、准确，不能过于复杂或过于简单，以能体现商品名字和特点的名称为最佳；商家可以在搜索栏中搜索相应名称，以判断其检索难易程度，然后及时修正。

（2）促销专区中的每一个商品都要吸引消费者去点击。因此，选择放在促销专区中的商品时，除了选择店铺中非常优质的商品外，还可选择临近下架时间的商品，因为临近下架时间的商品会获得优先展示机会，有一定的概率让消费者优先查看。但要注意，商品下架后商家应及时进行 SKU 调整，避免出现空位。

（3）在设计过程中要保证商品图片的真实性，并且商品的数量要多，因为只有上架和推荐足够多的商品，才能在设计促销专区时挖掘出更多的商品亮点。

知识窗

任务三　装修网店首页

任务描述

设计好网店首页的各个模块后，小艾决定根据老李的提示先上传图片到图片空间，然后再进行网店首页的装修。

任务实施

活动1　上传装修图片

网店装修的图片需要上传到图片空间后才能使用，因此小艾需要先将设计好的装修图片上传到图片空间，具体操作如下。

（1）登录淘宝网，单击"千牛卖家中心"超链接，进入千牛卖家中心，在左侧的菜单栏中单击"店铺管理"栏下的"图片空间"超链接，如图3-50所示。

（2）打开"素材中心"页面，在页面上方单击 上传 按钮，打开"上传图片"对话框，在其中单击"上传"超链接，如图3-51所示。

（3）打开"打开"对话框，选择"促销专区.jpg""店铺招牌.jpg""轮播海报.jpg""轮播海报2.jpg"图片（配套资源：\效果文件\项目三\促销专区.jpg、店铺招牌.jpg、轮播海报.jpg、轮播海报2.jpg），单击 打开(O) 按钮。

（4）此时，将打开"上传结果"对话框，并显示图片上传进度，上传完成后，将提示图片上传完成，单击 确定 按钮，如图3-52所示。关闭"上传结果"对话框，即可在图片空间中查看上传的图片。

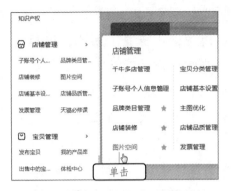

图3-50　单击"图片空间"超链接　　　　　图3-51　单击"上传"超链接

图3-52　上传完成

活动2　装修网店首页各模块

上传装修图片后，小艾需要通过"淘宝旺铺"页面装修网店首页，将前面设置的店铺招牌、轮播海报、促销专区都添加到网店首页中，并且结合码工助手等工具，为各模块添加热点链接，让消费者可以通过单击图片来查看商品或活动信息。

第一步 进行店铺招牌装修

小艾准备先装修店铺招牌，由于原始尺寸的店铺招牌不能全屏显示，因此需要结合码工助手工具来转换装修代码，具体操作如下。

（1）在千牛卖家中心单击"店铺管理"栏中的"店铺装修"超链接，进入店铺装修页面，单击上方的"店铺装修"超链接。

（2）在"店铺装修"下单击"PC店铺装修"选项卡，单击右侧基础页中的"首页"栏中的"装修页面"超链接，如图3-53所示。

图3-53　选择装修页面

（3）在百度中搜索并打开"码工助手"，在码工助手的"工具"栏中单击"电商通用热区工具"超链接，如图3-54所示。

（4）切换到淘宝图片空间，将鼠标指针移到店铺招牌上，单击"复制链接"按钮 🗐，复制该图片的链接。

（5）切换到码工助手的"画布设置"页面，在"图片链接"文本框中按【Ctrl+V】组合键粘贴刚才的图片链接，单击 确认 按钮。

（6）打开"稿定设计"页面，单击页面左侧的"添加热区"按钮 ⊕，添加一个热区，并将其移动到店铺招牌的上方，如图3-55所示。

图3-54　单击"电商通用热区工具"超链接　　图3-55　添加热区

（7）返回千牛卖家中心页面，单击"营销中心"栏右侧的展开按钮，在打开的页面中单击"营销工具中心"超链接，如图3-56所示。

（8）在打开的"工具列表"栏中，单击"店铺优惠券"下的"立即创建"超链接，如图3-57所示。

（9）打开的页面中将显示创建的优惠券内容，这里在发布的优惠券列表中选择"优惠券"，单击右侧的"获取链接"超链接，打开"链接地址"对话框，单击 复制链接 按钮，如图3-58所示。

👩‍💼 专家点拨

创建优惠券后即可获得优惠券链接。创建优惠券的具体方法将在项目四中讲解，这里只介绍装修的操作。

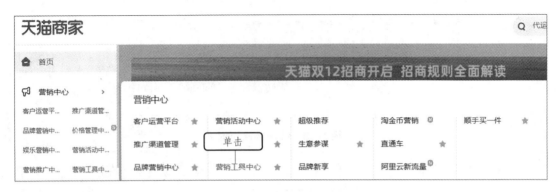

图3-56　单击"营销工具中心"超链接

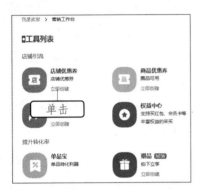

图3-57　单击"立即创建"超链接

图3-58　复制优惠券链接

（10）返回码工助手的"稿定设计"页面，在右侧面板的"链接"栏中按【Ctrl+V】组合键粘贴刚刚复制的优惠券链接地址，在"描述"栏中输入"优惠券"，完成第一个热点链接的添加，如图3-59所示。

（11）在页面左侧单击"添加热区"按钮，再次添加一个热区，并将其移动到导航条中"首页"文字上方，如图3-60所示。

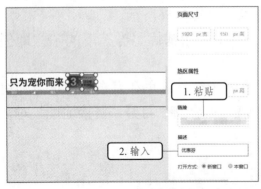
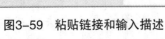

图3-59　粘贴链接和输入描述

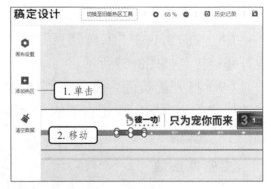

图3-60　添加热区

（12）打开"淘宝旺铺"页面，在左侧单击"PC店铺装修"选项卡，在上方选择"宝贝列表页"选项卡，单击"默认宝贝分类页"栏中的"装修页面"超链接，如图3-61所示。

图3-61　单击"装修页面"超链接

（13）进入宝贝分类页面，单击上方的链接地址栏，按【Ctrl+A】组合键全选链接地址，按【Ctrl+C】组合键复制链接地址，如图3-62所示。

（14）打开码工助手的"稿定设计"页面，在右侧面板的"链接"栏中按【Ctrl+V】组合键粘贴刚刚复制的链接地址，如图3-63所示。

图3-62　复制链接

图3-63　粘贴链接

（15）使用相同的方法，在"猫砂""罐头""猫条"上添加热区，在其热区的"链接"栏中按【Ctrl+V】组合键粘贴刚刚复制的宝贝分类页面的链接地址，效果如图3-64所示。

图3-64　添加其他热区

专家点拨

网店各个类目的商品都通过"分类管理"页面进行管理。在该页面中，商家可以设置商品的分类，设置好后，消费者进入宝贝分类页面即可根据类别筛选商品。

（16）单击"画布设置"页面右上方的 生成代码 按钮，在打开的对话框中单击 导出代码 按钮导出代码，然后单击 复制代码 按钮。

（17）切换到淘宝店铺装修页面，单击店铺招牌右上角的 编辑 按钮，如图3-65所示。

（18）打开"店铺招牌"对话框，选中"自定义招牌"单选项，单击"源码"按钮 ，在下面的文本框中按【Ctrl+V】组合键粘贴刚才复制的代码，在"高度"数值框中输入"150"，单击 保存 按钮，如图3-66所示。

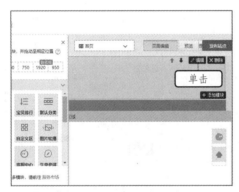

图3-65 单击"编辑"按钮

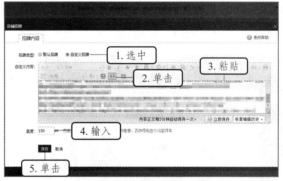

图3-66 粘贴代码

（19）在页面左侧选择"页头"选项，在打开的页面中单击 更换图片 按钮，打开"打开"对话框，在其中选择店铺招牌的图片，单击 打开(O) 按钮。图片上传成功后，设置"背景显示"为"不平铺"，"背景对齐"为"居中"，如图3-67所示。

图3-67 设置页头

第二步 装修轮播海报

老李告诉小艾，天猫店铺的轮播海报模块有使用限制，可以先使用码工助手获得轮播海报的装修代码，再使用自定义模块添加代码，实现轮播海报的装修，具体操作如下。

（1）打开码工助手页面，在"工具"栏中单击"轮播工具"超链接，如图3-68所示，切换到码工助手的"轮播工具"页面。

（2）返回千牛卖家中心，打开淘宝的图片空间，将鼠标指针移到轮播海报上，单击"复制链接"按钮 ，复制该图片的链接。

（3）切换到"轮播工具"页面，在"图片1"文本框中按【Ctrl+V】组合键粘贴刚才复制的图片链接，如图3-69所示。

图3-68 单击"轮播工具"超链接

图3-69 粘贴链接

（4）返回千牛卖家中心页面，在"宝贝管理"栏中单击"出售中的宝贝"超链接，如图3-70所示。

（5）打开商品列表页面，其中罗列了已经上传的商品，这里单击猫砂对应的超链接，如图3-71所示，进入该商品的详情页面，按【Ctrl+C】组合键复制链接。

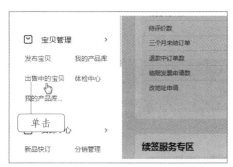

图3-70 单击"出售中的宝贝"超链接

图3-71 单击猫砂对应的超链接

（6）切换到"轮播工具"页面，在"跳转链接"文本框中按【Ctrl+V】组合键粘贴刚刚复制的链接。使用相同的方法，添加"轮播海报2"素材及其链接，在打开的"生成代码"对话框中单击 复制代码 按钮复制代码，如图3-72所示。

图3-72　复制代码

（7）切换到装修页面，在"模块"选项卡中选择"自定义区"模块，按住鼠标左键不放将该模块拖动到导航条的下方，释放鼠标完成模块的添加，如图3-73所示。

（8）在"自定义模块"上单击 编辑 按钮，打开"自定义内容区"面板，选中"不显示"单选项，单击"源码"按钮，在下面的文本框中按【Ctrl+V】组合键粘贴刚才复制的代码，再次单击"源码"按钮，然后单击 确定 按钮，如图3-74所示。

图3-73　添加模块

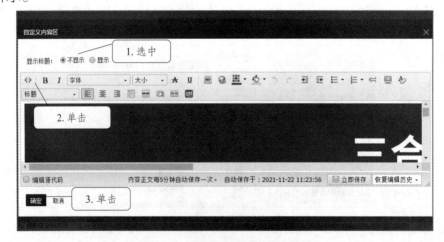

图3-74　"自定义内容区"面板

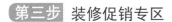 装修促销专区

小艾准备继续使用相同的方法，通过码工助手和自定义模块装修促销专区，具体操作如下。

（1）切换到淘宝的图片空间页面，选择"促销专区"素材，单击"复制链接"按钮复制链接。

（2）切换到码工助手的"画布设置"页面，在"图片链接"文本框中按【Ctrl+V】组合键粘贴链接，单击确认按钮进入"稿定设计"页面，在页面左侧单击"添加热区"按钮，添加一个热区，并调整热区位置。

（3）打开商品列表页面，复制促销专区中对应商品的链接，然后在"稿定设计"页面右侧的"链接"栏中粘贴商品的链接地址，如图3-75所示。使用相同的方法再次添加两个热区，并粘贴链接。

（4）使用与前面相同的方法进入装修页面。在"模块"选项卡中选择"自定义区"模块，按住鼠标左键不放将模块拖动到导航条的下方，释放鼠标左键即可完成模块的添加。

（5）在"自定义模块"上单击编辑按钮，打开"自定义内容区"面板，选中"不显示"单选项，单击"源码"按钮，在下面的文本框中按【Ctrl+V】组合键粘贴刚才复制的代码，再次单击"源码"按钮查看编辑效果，单击确定按钮。

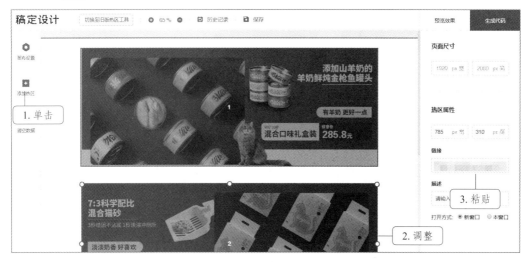

图3-75　添加选区

（6）返回编辑页面，单击预览按钮，进入预览页面，在其中可查看预览效果。此时用鼠标指针单击插入热区的页面，可跳转到对应的页面中，完成后单击发布按钮，完成首页的装修，效果如图3-76所示。

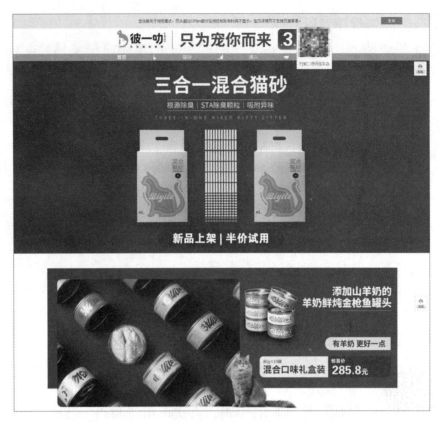

图3-76　首页装修效果

项目总结

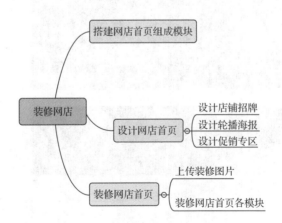

项目四

开展营销活动

情境创设

　　"双十一"是淘宝一年一度的大促活动，几乎每个网店都会参加，宠物食品/用品店也不例外。老李将本店的"双十一"活动交给小艾，小艾为此查了很多资料，发现本店目前虽然积累了一批消费者，但是知名度还不高，她担心"双十一"时店铺流量不多，商品销量较低。老李让小艾不要担心，并告诉她可以在"双十一"活动期间，通过开展一些营销活动吸引消费者，如设置搭配套餐、满就送、满就减、优惠券等。此外，小艾还要策划活动的营销方案，并报名参与活动。

学习目标

知识目标

1. 了解常用的营销工具。
2. 了解常见的营销活动。

技能目标

1. 能够掌握并熟练使用常用的营销工具。
2. 能够根据网店的经营需要，策划相应的营销方案。

素养目标

1. 诚实守信、实事求是，培养多角度思考问题的能力。
2. 遵守营销活动和市场规则，不虚假宣传、不打价格战。

任务一　使用营销工具

任务描述

小艾对任务进行了分解，认为要想参加"双十一"活动，首先要为店铺引流，增加店铺商品的销量，因此需要借助一些营销工具开展促销活动，包括使用搭配宝设置搭配套餐，使用店铺宝设置满就送、满就减，以及设置优惠券等。

任务实施

👤 活动1　设置搭配套餐

搭配套餐是指将两种或两种以上的商品搭配在一起组成一个套餐。设置搭配套餐有利于实现商品销量的提升，因此，小艾准备设置搭配套餐，具体步骤如下。

第一步　选择合适的商品组成搭配套餐

搭配套餐中有两类商品，一类是主商品，另一类是搭配商品。主商品只有一个，且销量一般较高，搭配商品可以有多个，通常为利润较高或销量较低的商品，也可以选择销量较高的商品或需要引流的新商品。

小艾查看了已上架商品的销量，选择了一款销量较高的猫砂作为主商品，一款销量较为逊色的猫条作为搭配商品。

第二步　使用搭配宝设置搭配套餐

搭配宝是淘宝官方提供的设置搭配套餐的工具，确定好搭配的商品后，小艾需要在千牛卖家中心中使用搭配宝新建搭配套餐，然后设置主商品为猫砂、搭配商品为猫条，然后将结束时间设置为"双十一"当天，并提供包邮服务和优惠价格，从而吸引消费者购买，具体操作如下。

（1）登录淘宝网，单击"千牛卖家中心"超链接，进入千牛卖家中心，在左侧的菜单栏中单击"营销中心"栏下的"营销工具中心"超链接，如图4-1所示。

（2）打开营销工作台页面，单击"搭配宝"超链接，如图4-2所示。

（3）打开搭配宝页面，单击页面右侧的 + 创建套餐 按钮，打开创建套餐页面，在"主商品"栏下单击"添加主商品"按钮+，如图4-3所示。

（4）打开"选择主商品"对话框，在列表框中选中相应的猫砂前的单选项，然后单击 确认 按钮，如图4-4所示。

图4-1　单击"营销工具中心"超链接

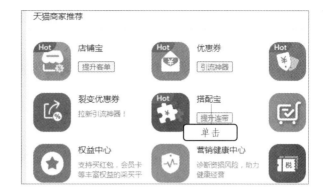

图4-2　单击"搭配宝"超链接

图4-3　单击"添加主商品"按钮

图4-4　选择主商品

103

（5）在"搭配商品"栏下单击"添加搭配商品"按钮 **+** ，如图4-5所示。

图4-5 单击"添加搭配商品"按钮

（6）打开"选择搭配商品"对话框，选中相应的猫条前的复选框，然后单击 确认 按钮，如图4-6所示。

图4-6 选择搭配商品

（7）添加商品后的效果如图4-7所示，然后单击 下一步，设置套餐信息 按钮。

> 👤 **专家点拨**
>
> 　　一个搭配套餐中只能选择一个主商品，最多可以添加8个搭配商品。商家可以一次性在对话框中选择所有搭配商品，也可以依次单击创建套餐页面的"搭配商品"栏下的"添加搭配商品"按钮，逐个添加搭配商品。要更改搭配商品时，可单击"搭配商品"栏下的"删除"按钮🗑，重新选择搭配商品即可。

图4-7 单击"下一步,设置套餐信息"按钮

(8)打开设置套餐页面,在"套餐名称"文本框中输入套餐名称"搭配买更划算",在"套餐介绍"文本框中输入介绍文本"猫砂+猫条,一站式购齐",选中"自选商品套餐"单选项和"标准套餐"单选项,单击"套餐图"栏卜的 智能合图 按钮,系统将自动生成套餐封面图,然后单击 下一步,设置商品优惠 按钮,如图4-8所示。

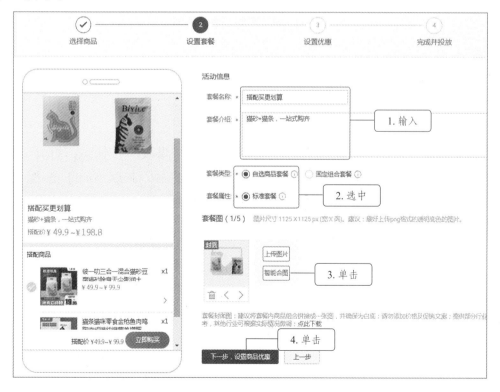

图4-8 设置套餐活动信息

（9）打开设置优惠页面，选中"基础优惠"栏下的"卖家承担运费"复选框，然后设置活动时间为"2021-10-23 15:16:05—2021-11-11 23:59:59"，如图4-9所示。

图4-9　设置包邮和活动时间

专家点拨

现在，很多消费者都希望商家能够包邮，因此，在设置搭配套餐时，建议商家提供包邮服务，这样更有利于吸引消费者下单。

（10）单击列表中主商品对应的搭配价下的"修改"按钮，打开"设置搭配价格"对话框，分别设置主商品的两种规格的搭配价为"39.9""89.9"，然后单击　确认　按钮，如图4-10所示。

图4-10　设置搭配价格

（11）按照同样的方式设置搭配商品的搭配价为"88.9"，系统将根据设置的搭配价计算出套餐价。单击  按钮，系统将投放该套餐，并且在套餐中显示搭配购买可以获得的优惠价格。淘宝PC端和App端的预览效果如图4-11所示。

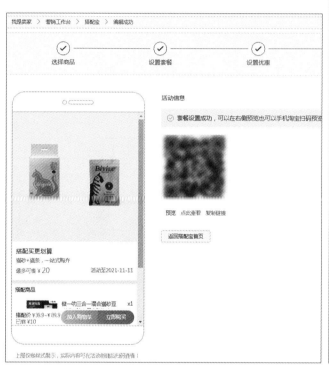

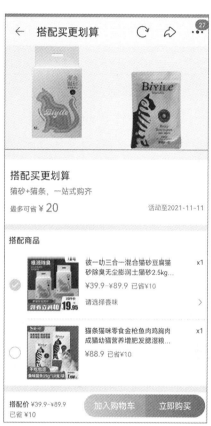

图4-11　淘宝PC端和App端的预览效果

💡 **知识窗**

搭配套餐有一定的价格优势，比单独购买多个商品更实惠，可以吸引对多种商品有购买需求的消费者。但要达到这种效果，必须保证搭配套餐中的商品为同类型或相关联的商品，表4-1所示为搭配套餐的商品示例。

表4-1　搭配套餐的商品示例

商品类目	搭配套餐
美妆	护肤类商品的搭配，如精华水（主商品）+面霜（搭配商品）
	彩妆类商品的搭配，如眼影（主商品）+眼影刷（搭配商品）

续表

商品类目	搭配套餐
食品	纯食品的搭配，如蜂蜜黄油味薯片（主商品）+奶酪味薯片（搭配商品）
	食品与用具的搭配，如火锅底料（主商品）+漏勺等餐具（搭配商品）
服饰	成套服装的搭配，如衬衫（主商品）+裙子（搭配商品）
	成套饰品的搭配，如项链（主商品）+戒指（搭配商品）+耳钉（搭配商品）
3C	如手机（主商品）+耳机（搭配商品）

设置搭配套餐后，当消费者选择套餐中的一种商品时，系统会将套餐中的其他商品推荐给消费者，从而达到增加搭配商品的曝光量和销量的效果。搭配套餐通常出现在商品详情页的主图所在区域、"试试这样搭配"栏下方，如图4-12所示。

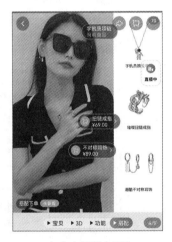
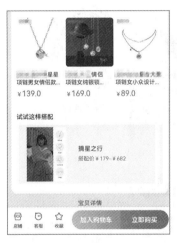

（a）主图所在区域　　　（b）"试试这样搭配"栏下方

图4-12　搭配套餐所在位置

💡 知识窗

🪣 动手做

设置搭配套餐

现有一家淘宝服装店，商家计划为店内的3款商品设置搭配套餐，请同学们按照以下要求设置搭配套餐。

1. 设置主商品为牛仔外套，搭配商品为短袖T恤和短裤。

2. 设置包邮，活动时间为两个月。

3. 主商品和搭配商品的搭配价均在原价格的基础上减少12元。

活动2　设置满就送、满就减

老李告诉小艾，因同时购买搭配套餐内的商品才能享受优惠，这样可能会流失掉一部分想要单独购买商品并享受优惠的消费者。为了避免这种情况的出现，小艾使用店铺宝设置了满就送、满就减，用于吸引消费者购买网店中的商品。

第一步　设置满就送

满就送是指当消费者购买金额达到一定数值时，能获得一定数量的赠品，即以赠品吸引消费者购物。满就送的关键是赠品，赠品一般选择新商品或销量较高的商品。满就送需要通过店铺宝进行设置，因此，小艾需要先进入店铺宝页面，然后设置满就送。小艾选择销量较高的猫罐头作为赠品，设置活动结束时间为"双十一"当天，并设置活动的条件及商品，具体操作如下。

（1）打开营销工作台页面，单击"店铺宝"超链接。打开店铺宝页面，在"自定义新建"栏下单击 +创建赠品活动 按钮，如图4-13所示。

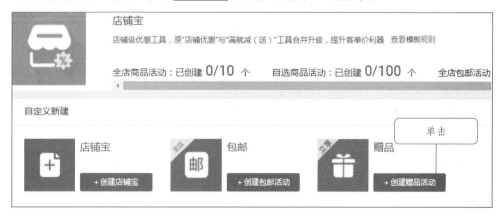

图4-13　单击"创建赠品活动"按钮

（2）打开编辑活动页面，在"活动名称"文本框中输入"买1赠2"；设置开始时间为"2021-10-27 00:00:00"，设置结束时间为"2021-11-11 23:59:59"；设置低价提醒为"当商品预计到手价低于5折时进行提醒"；选中"活动促销"单选项，单击 下一步 按钮，如图4-14所示。

（3）打开优惠门槛及内容设置页面，设置优惠条件为"满件"、优惠门槛为"满1件"；选中"送赠品"复选框，如图4-15所示，在弹出的提示框中单击 确定 按钮。

（4）打开"选择赠品"对话框，选中猫罐头前的复选框，设置赠品数量为"2"，赠品名称为"猫罐头"，单击 确认 按钮，如图4-16所示。

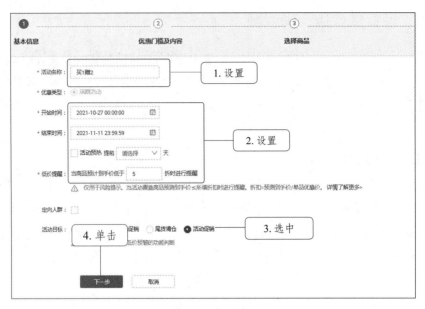

图4-14　设置基本信息

图4-15　设置优惠条件、门槛和内容

图4-16　设置赠品信息

（5）选中"赠品前台显示"复选框，选中"展示方案"栏中的"左右显示"单选项，如图4-17所示，设置赠品在详情页和主图中的显示方式，完成后单击 资损风险校验 按钮。

图4-17 设置赠品前台显示及展示方案

（6）打开选择商品页面，选中参与该活动商品前的复选框，然后单击 下一步 按钮，如图4-18所示。

图4-18 选择猫罐头

（7）打开活动推广设置页面，单击 下一步 按钮，如图4-19所示，在弹出的提示框中单击 暂不配置 按钮，完成满就送的设置。

图4-19　单击"下一步"按钮

第二步 设置满就减

满就减是指消费者在消费金额达到一定额度后，可以获得一定的折扣、优惠等。店铺准备报名参加"双十一"活动，而在"双十一"期间设置的满就减活动将不会生效，因此，小艾决定将满就减活动时间设置为10月14日—10月16日，提前为"双十一"活动预热，并设置活动商品为猫砂和猫条，具体操作如下。

（1）打开营销工作台页面，单击"店铺宝"超链接。打开店铺宝页面，在"自定义新建"栏下单击 + 创建店铺宝 按钮，如图4-20所示。

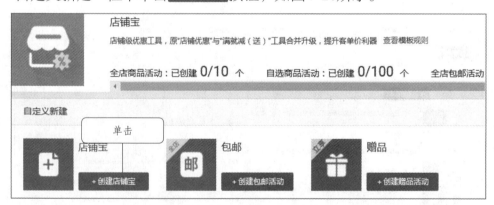

图4-20　单击"创建店铺宝"按钮

（2）打开编辑活动页面，在"活动名称"文本框中输入"促销"；默认选中"自选商品"单选项；在展开的列表框中设置开始时间为"2021-10-14 16:36:32"，单击 确定 按钮，如图4-21所示，再设置结束时间为"2021-10-16 23:59:59"，单击 确定 按钮。

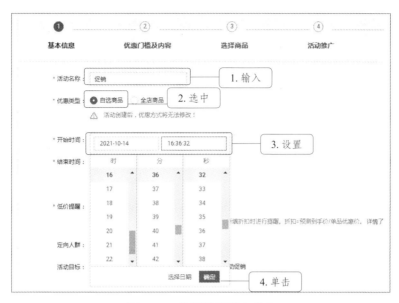

图4-21　编辑活动基本信息

👤 **专家点拨**

在2021年"双十一"期间，如果网店已经报名参加"双十一"跨店满减活动，在10月27日00:00:00—11月12日00:00:00，通过店铺宝设置的满就减活动不会生效。

（3）设置"低价提醒"为"当商品预计到手价低于5折时进行提醒"，选中"活动促销"单选项，单击 下一步 按钮，如图4-22所示。

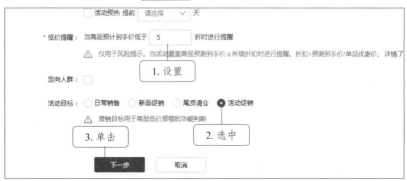

图4-22　设置低价提醒和活动目标

👤 **专家点拨**

选中"活动预热"复选框，可在其后的下拉列表中为活动设置提前天数。活动预热可提前告诉消费者活动信息，为活动引流，一般在活动力度较大时使用。

（4）打开优惠门槛及内容页面，选中"满元（减钱）"单选项和"上不封顶"复选框，在"优惠门槛"文本框中输入"200"，设置优惠内容为"减15元""包邮"，如图4-23所示，单击 下一步 按钮。

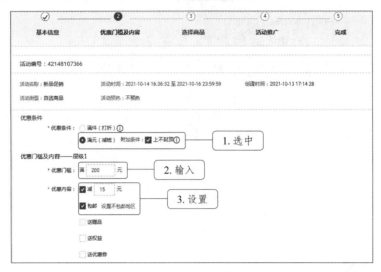

图4-23　设置优惠门槛及内容

（5）打开选择商品页面，在列表框中选中三合一混合猫砂和猫条前的复选框，如图4-24所示，单击 下一步 按钮。

图4-24　选择参加活动的商品

（6）打开活动推广页面，单击 下一步 按钮，在弹出的提示框中单击 暂不配置 按钮，完成活动的投放。返回店铺宝页面，单击"自选商品活动"选项卡可看到活动的设置详情，如图4-25所示。

图4-25　活动的设置详情

活动3　设置优惠券

小艾发现搭配套餐、满就送、满就减是一种间接的优惠方式，如果不设置直接优惠活动，店铺可能会流失掉一部分消费者。小艾为此请教了老李。老李建议小艾设置优惠券，通过发放优惠券促进消费者下单。

第一步 确定优惠券的方案

为了让更多的消费者享受到优惠，吸引更多的消费者下单，小艾选择通过设置优惠券开展活动。根据今年"双十一"的活动节奏，小艾确定了"双十一"活动期间优惠券的设置方案，确定使用时间为"2021-11-01—2021-11-11"、优惠力度为"满300元减30元"。

第二步 设置优惠券

小艾需要根据方案创建优惠券，然后设置优惠券的使用时间和优惠券面额等信息，具体操作如下。

（1）打开营销工作台页面，单击"优惠券"超链接。打开优惠券页面，单击 ![创建店铺券] 按钮，如图4-26所示。

图4-26　单击"创建店铺券"按钮

（2）在打开的页面中，在"基本信息"的"名称"文本框中输入"300-30"；设置使用时间为"2021-11-01—2021-11-11"，设置低价提醒为"当商品预计到手价低于7折时进行提醒"，如图4-27所示。

图4-27　设置优惠券基本信息

（3）在"面额信息-面额1"的"优惠金额"文本框中输入优惠金额为"30元"，设置使用门槛为"满300元"，然后设置发行量和每人限领张数，单击 资损风险校验 按钮，如图4-28所示。待校验无误后完成投放，投放优惠券的效果如图4-29所示。

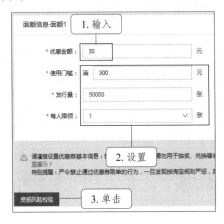

图4-28 设置优惠券面额信息

图4-29 投放优惠券的效果

 知识窗

优惠券是一种虚拟的现金券，消费者在付款时使用优惠券可以抵扣一定金额的现金。在网店运营过程中，商家经常投放优惠券来开展优惠活动，从而吸引消费者购物。

优惠券主要分为3类：针对全店商品的店铺优惠券，消费者购买网店内的任意商品均可使用该优惠券；针对特定商品的商品优惠券，消费者购买特定商品才可以使用该优惠券，且商品优惠券和店铺优惠券不可以叠加使用；裂变优惠券，消费者只有把该优惠券分享给足够数量的好友后才能领取并使用该优惠券。

 **知识窗**

💡 **动手做**

开展店内促销活动

除了宠物食品/用品店，淘宝中有很多网店都在使用营销工具开展店内促销活动。现有一家家纺淘宝店，计划在1月6日—1月10日开展店内促销活动，请同学们使用营销工具设置以下促销活动。

1. 为一款被子和被套、枕头设置搭配套餐，其中被子为主商品，被套、枕头为搭配商品，搭配价预计比原总价少30元。

2. 为一款四件套设置满就送活动，赠品为一张午睡毯，并在主图和详情页显示赠品信息。

3. 为一款珊瑚绒四件套设置商品优惠券，优惠金额为90元、使用门槛为满400元。

任务二 参与平台"大促"营销活动

任务描述

搭配套餐、满就送、满就减和优惠券等活动取得了不错的效果，老李对小艾的工作能力表示肯定，便放心地将"双十一"活动交给小艾操办。小艾打算参与"双十一"和天天特卖活动，为此，小艾需要做好活动方案的策划，了解活动规则和报名要求，并报名参与活动。

任务实施

活动1 策划"大促"营销活动方案

报名参与"双十一"和天天特卖活动前，小艾需要确定活动主题、活动时间、活动商品以及参与部门，确定相应的营销策略，并生成活动方案。

第一步 确定活动主题、活动时间和活动商品

（1）确定活动主题。小艾将"双十一"活动的主题定为"天猫'双十一'店铺大促"，将天天特卖活动的主题定为"单品钜惠价格直降"。

（2）确定活动时间。小艾根据"双十一"和天天特卖活动的特点，将"双十一"活动划分为规划期、筹备期、预热期、活动开始、爆发期、返场期6个阶段，并明确了各阶段需要做的工作，以便后续工作的开展。天天特卖活动较简单，无须划分活动阶段，直接定位在"双十一"活动前后即可。

（3）确定活动商品。针对宠物食品/用品店的情况，小艾选择15g×60支的猫条、200ml×6包的羊奶、单猫礼包和多猫礼包4款商品参与"双十一"活动，选择猫砂参与天天特卖活动。

第二步 确定参与部门

由于"双十一"活动极其重要，在策划活动方案时，小艾详细规定了各

部门在"双十一"活动各阶段的工作，而只抽取了小部分人参与天天特卖活动。

第三步 确定营销策略

确定营销策略的重点在于确定营销推广的方式，以实现最大化的引流。商家可以搭配使用多种营销推广方式，从而增强活动效果。经过商讨，小艾决定"双十一"活动以直通车和超级钻展推广为主，天天特卖活动本身就是一个营销推广渠道，可直接以优惠的价格进行促销。

思政小课堂

思考营销策略时，商家要从网店的实际情况出发，实事求是，多角度思考。同时，营销策略要符合活动规则，这是不断寻找适合店铺可持续发展方向的一种实践，不要想着打价格战，做损人利己的事。

第四步 生成活动方案

确定营销活动的内容后，需要将活动内容整理成活动方案，可根据活动的难易程度选择不同的呈现方式。天天特卖活动较简单，其活动方案可以直接以文本方式呈现，如图4-30所示。

```
（1）活动主题：单品钜惠价格直降
（2）活动时间：10月20日00:00—11月13日23:59
（3）活动商品：猫砂
（4）参与部门：运营部、设计部、仓储部等
（5）促销策略：7折左右
```

图4-30 天天特卖活动方案

"双十一"期间活动涉及的事项较多，可以用表格详细列出各阶段的参与部门与事项，如表4-2所示。

表4-2 "双十一"活动方案

活动阶段	活动时间	参与部门与事项
规划期	9月15日—9月22日	运营部：确定销售目标、流量目标、收入目标、其他目标。 策划部：思考活动各阶段的文案。 设计部：收集素材，思考详情页、主图、推广图的优化方案。 仓储部：清点商品库存

续表

活动阶段	活动时间	参与部门与事项
筹备期	9月23日—10月26日	运营部：确定各项目负责人，创建数据监控表并共享给其他部门，制作活动预热、爆发、返场等阶段页面的工单，准备备用方案等。 策划部：编写活动各阶段所需文案。 推广部：建立直通车、超级钻展推广计划和优化方案，测试活动期间要用的主图、商品图、推广图等，准备订阅、直播推广策略。 设计部：设计预热期、活动开始、返场期等阶段的页面。 仓储部：安排和培训人员，优化仓库运作流程。 客服部：排好班次，培训客服人员
预热期	10月27日—10月31日	运营部：监控各项数据，包括收藏加购率、优惠券发放数量、流量来源、竞品数据等，并及时调整。 推广部：根据预热效果调整推广方案。 设计部：根据预热效果调整相应的页面。 策划部：根据预热效果调整方案。 客服部：引导消费者提前加购
活动开始	11月1日—11月10日	运营部：上线正式活动，监控各项数据。 推广部：根据活动效果调整推广方案。 设计部：根据商品销售情况调整页面。 仓储部：及时发货，跟踪物流。 客服部：接待、催付、处理售后问题
爆发期	11月11日	活动爆发
返场期	11月12日—11月18日	运营部：爆款商品返场、活动复盘。 仓储部：及时发货，跟踪物流。 客服部：售后回访

 知识窗

活动主题体现了活动的目的，一个好的活动主题有利于吸引消费者的注意。活动主题要简洁明了，一般在 10 个字左右。

确定活动时间有利于掌握活动节奏，明确活动各个阶段的具体时间。商家如果想要使用店铺营销工具开展店内营销活动，一旦确定好活动时间就不能随意更改，且为了避免消费者混淆或者自己忙不过来，活动时间不应与其他活动时间相冲突。

活动商品即被选定参与活动的商品，选择活动商品要慎重，一般选择有一定销量的商品，并且需要在报名参与活动前确定商品的价格、库存等信息。

活动2 报名参与"大促"活动

"双十一"期间大大小小的活动都是围绕"双十一"展开的，而且平台为了增强"双十一"对消费者的吸引力，每年都会调整活动规则和报名要求。做好活动方案的策划后，小艾还要特别注意查看最新的活动规则和报名要求，并按要求报名参与"大促"活动。

第一步 报名参与"双十一"活动

由于店铺开设的时间不长，小艾决定不参与预售活动，直接报名参与"双十一"的现货活动。在报名参与活动前，小艾查看了"双十一"的活动规则和报名要求，并按照之前制订的"双十一"活动方案，选择15g×60支的猫条、200ml×6包的羊奶、单猫礼包和多猫礼包4款商品作为活动商品。此外，小艾还选择了2.5kg和10kg的猫砂、猫罐头、15g×20支的猫条等商品作为推荐商品，具体操作如下。

（1）进入千牛卖家中心，单击"营销活动中心"超链接。打开营销活动中心页面，单击"规则门户"超链接，如图4-31所示。

图4-31 单击"规则门户"超链接

（2）打开规则中心页面，选择"大促活动专区"选项，在右侧页面中选择"2021年天猫'双十一'招商规则"选项，如图4-32所示。打开规则详情页面，查看"双十一"活动的活动时间、节奏、方式、招商要求等。

图4-32　选择"2021年天猫'双十一'招商规则"选项

（3）返回营销活动中心页面，单击"活动报名"超链接，在打开的列表中单击"官方大促"超链接，在打开的页面中单击"2021年天猫双11全球购物狂欢季"活动对应的 去报名 按钮，如图4-33所示。

图4-33　单击"去报名"按钮

（4）选择"大促助手"选项，依次单击"报名指南""营销建议""活动规则""报名操作时间"选项卡，查看大促信息，如图4-34所示。

图4-34　查看大促信息

（5）选择"商家报名"选项，依次完成协议签署、价保服务协议确认、店铺玩法设置、补充信息设置等。店铺玩法设置页面如图4-35所示，完成后单击 提交 按钮。

图4-35　店铺玩法设置页面

（6）选择"商品报名"选项，单击"双11抢先购现货（第一波）"选项卡，在展开的"商品价格申报"选项卡中，单击 选择商品 按钮，打开"可选商品列表"对话框，分别选择15g×60支的猫条、200ml×6包的羊奶、2.5kg和10kg的猫砂、猫罐头、15g×20支的猫条、单猫礼包和多猫礼包，单击 提交 按钮，并依次设定商品专柜价、活动价格，如图4-36所示。

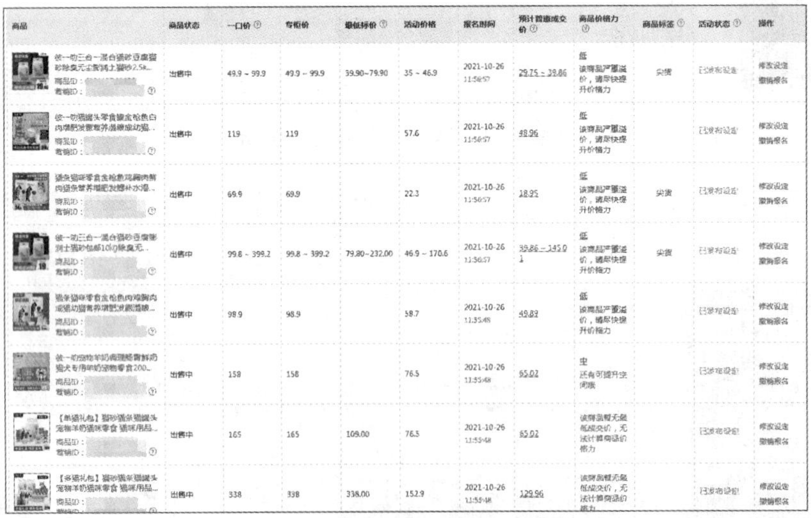

图4-36　设置商品价格

（7）单击"双11狂欢日现货（第二波）"选项卡，按照相同的方式完成商品价格设置。

（8）选择"公域素材提交"选项，在"店铺素材报名"选项卡中选择"双11抢先购现货（第一波）"选项，在"素材中心店铺模板"中输入店铺名称"彼一叨旗舰店"和品牌名称"彼一叨"，上传店铺Logo和店铺图片，如图4-37所示。

图4-37 提交店铺素材

（9）在"店铺承接页"文本框中输入"双11抢先购现货"，在"店铺利益点4～6个字"文本框中输入"全场直降"，在"店铺利益点5～8个字"文本框中输入"一年一次全场直降"，单击 提交 按钮，如图4-38所示。

图4-38 设置店铺活动信息

（10）使用相同的方式设置"双11狂欢日现货（第二波）"活动，内容与"双11抢先购现货（第一波）"一致。

（11）单击"商品素材报名"选项卡，依次提交商品短标题和利益点，上传商品透明主图、方版场景图、品牌Logo透明图，如图4-39所示，等待系统审核。

图4-39　提交商品素材

（12）返回官方活动页面，单击"已报活动"超链接，在打开的页面中可查看已报名活动，如图4-40所示。单击 查看详情 按钮可查看活动详情。

图4-40　查看已报名活动

第二步 **报名参与天天特卖**

天天特卖是一个能够快速吸引消费者的活动，可以在短时间内为网店引入大量的流量。小艾查看了天天特卖的活动规则后，选择了库存较多的猫砂参与该活动，并为两个规格的猫砂设置了不同的价格，具体操作如下。

（1）进入营销活动中心，在"活动报名"栏下单击"天天特卖"超链接，打开天天特卖报名页面，单击顶部的 点击了解 > 超链接，如图4-41所示。

图4-41　单击"点击了解"超链接

（2）打开天天特卖活动报名页面，在"报名指南"选项卡中查看天天特卖活动节奏，单击"活动规则"选项卡，查看"2021年天天特卖11·11狂欢盛典招商公告"，如图4-42所示。

图4-42　查看天天特卖活动规则

（3）选择"商品报名"选项，单击"21天天特卖11·11大促直降券招商入口"对应的 去报名 按钮，如图4-43所示。

图4-43　单击"去报名"按钮

（4）打开"21天天特卖11·11大促直降券招商入口"，系统显示"您符合活动规则"，在"活动介绍"选项卡中查看天天特卖大促直降券活动时间、报告时间、活动介绍等信息，完成后单击 去报名 按钮，如图4-44所示。

（5）打开协议签署页面，查看协议内容，确认无误后选中"本人已阅读并同意《天天特卖201906协议》"复选框，单击 提交 按钮。

（6）打开基本信息填写页面，单击"选择报名商品"栏后的 选择 按钮，打开"选择商品"对话框，单击2.5kg的猫砂后的 选择 按钮，如图4-45所示。

（7）在打开的页面中选中"同意接受营销平台系统排期，具体时间以系统通知为准"复选框，单击 下一步 按钮。

（8）打开商品信息设置页面，设置"报名类型"为"SKU维度"，设置"价格类型"为"SKU不同价"，如图4-46所示。

图4-44 单击"去报名"按钮

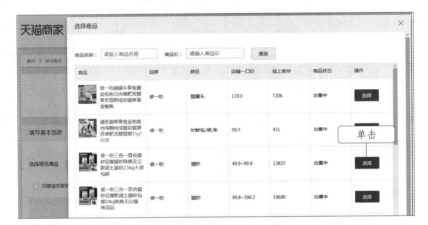

图4-45 单击"选择"按钮

图4-46 设置报名类型、价格类型

（9）在"香味"栏后单击 全部 按钮，在商品列表中单击 批量设置 按钮。打开"批量设置报名价"对话框，选中"根据一口价设置"单选项，在计算公式中分别输入"75""3.59""1.59"，选中"不取整"单选项，单击 确定 按钮，如图4-47所示，然后根据步骤提示完成报名操作。

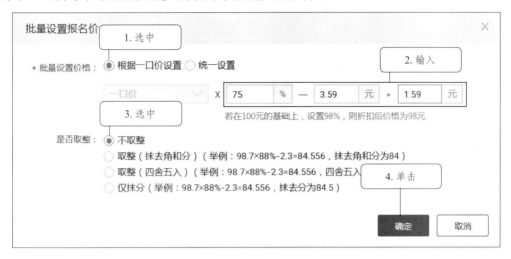

图4-47　批量设置报名价

项目总结

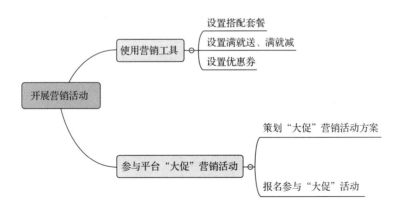

项目五

站内推广网店

情境创设

　　根据"双十一"活动方案，小艾计划在站内使用付费推广工具直通车、超级钻展、淘宝客来推广网店，并通过直播推广。因此，小艾需要充分了解直通车、超级钻展、淘宝客和直播的特性，建立符合网店发展现状的直通车推广计划、超级钻展推广计划、淘宝客推广计划，并进行直播。

学习目标

知识目标

1. 了解直通车、超级钻展、淘宝客的相关知识。
2. 了解直播的相关知识。

技能目标

1. 能够新建直通车、超级钻展、淘宝客推广计划。
2. 能够根据网店经营需要开展直播。

素养目标

1. 培养善于总结和应用实践经验的能力。
2. 培养遵纪守法、诚实守信的意识，树立社会责任感。

任务一 使用直通车推广

任务描述

在使用直通车推广时，老李提醒小艾先明确要推广的商品，并围绕该商品新建直通车推广计划，设置日限额、投放位置和地域以及投放时间。同时，为了达到更好的推广效果，小艾还要有针对性地设置推荐关键词和推荐目标人群。

任务实施

👤 活动1 确定直通车推广方案

老李告诉小艾，直通车是阿里妈妈旗下的一个付费推广工具，需要支付一定的推广费用才能使用，出价高的商品将被优先展示在直通车广告位中。

直通车有3种推广方式，分别是标准推广、智能推广和直播推广。

- **标准推广**：标准推广是一种手动推广方式，需要商家手动设置推广计划的日限额、投放位置、投放地域、投放时间、推广商品等，可以达到精准控制推广计划的目的。
- **智能推广**：智能推广由直通车系统自动进行推广，不需要手动设置。
- **直播推广**：直播推广则是使用直播的方式进行推广。

为了更好地控制推广的效果，老李建议小艾选择标准推广。标准推广的具体操作流程如图5-1所示。

图5-1 标准推广的具体操作流程

小艾将新建标准推广计划、选择推广方式、手动设置日限额，在流量多的位置、地域和时间投放，设置推广商品为单猫礼包，并设置相关性强、搜索指数量大、竞争指数高的关键词，根据关键词的展现量、点击量、点击率等数据，以及系统给出的默认出价，设置出价（关键词的推广价格）。

👤 活动2　新建标准推广计划并选择推广方式

小艾将通过千牛卖家中心进入直通车后台，为单猫礼包新建标准推广计划。为了便于区分，小艾准备根据商品名称和推广计划新建时间来命名标准推广计划，具体操作如下。

（1）进入千牛卖家中心，在"营销中心"栏下单击"直通车"超链接。打开直通车后台页面，将鼠标指针移动到页面顶端的"推广"选项上，在展开的下拉列表中选择"标准计划"选项，如图5-2所示。

图5-2　选择"标准计划"选项

（2）进入标准计划页面，单击"标准推广"下的 `+新建推广计划` 按钮，打开推广设置页面，选择"标准推广"选项，如图5-3所示。

 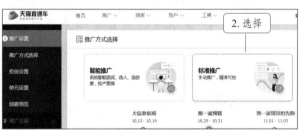

图5-3　新建推广计划并选择标准推广

（3）在"投放设置"面板中的"计划名称"文本框中输入"单猫礼包1201"。

👤 活动3　投放设置

投放设置主要是对日限额、投放方式、投放位置、投放地域和投放时间等进行设置。小艾需要先确定投放设置方案，再根据方案进行具体的设置，具体步骤如下。

> **第一步** 确定投放设置方案

小艾根据实际运营需求，对日限额、投放方式、投放位置、投放地域、投放时间的具体设置方案规划如下。

1. 日限额和投放方式方案

日限额是当前标准推广计划每天所使用的推广费用限额。设置日限额有利于合理控制成本，管理标准推广计划。小艾决定设置日限额为150元，并让系统根据推广费用的花费情况自动调整商品展示情况，这样在每个时段店铺均能获得高质量的流量，从而增强商品的转化效果。

2. 投放位置、地域、时间方案

小艾发现，站内投放比站外投放获得的流量更精准、转化效果更好，且投放至移动设备的引流效果比投放至计算机设备的引流效果更好。因此，小艾决定选择站内投放和投放至移动设备，并根据"流量分析"工具得出的信息设置投放地域，根据流量低谷与高峰时段设置不同的出价。

第二步　进行投放设置

小艾按照投放方案依次进行日限额、投放方式、投放位置、投放地域和投放时间的设置，具体操作如下。

（1）在"投放设置"面板中选中"有日限额"单选项，在数值框中输入"150"元，在"投放方式"栏中选中"智能化均匀投放"单选项，完成设置，如图5-4所示。

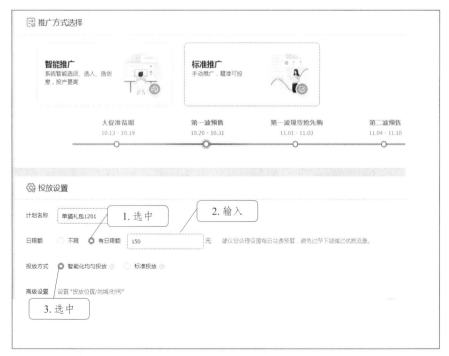

图5-4　设置日限额和投放方式

（2）在"投放设置"面板中，单击"高级设置"栏后的设置"投放位置/地域/时间"按钮，打开"高级设置"对话框，"投放位置"选项卡中的各选项默认全部开启，如图5-5所示，单击 确定 按钮。

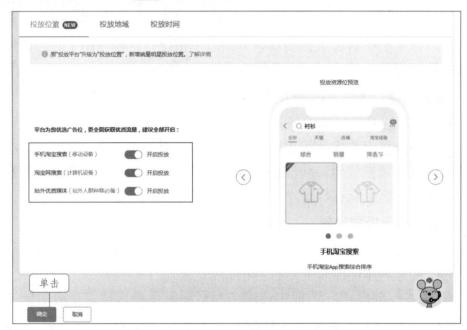

图5-5　设置投放位置

👤 **专家点拨**

商家可以为标准推广计划单独设置每日扣费的最高限额。当标准推广计划当日消耗达到该限额时，该计划下的所有推广商品将全部下线，第二天再自动上线。

（3）将鼠标指针移动到对话框外任意一处并单击，关闭对话框。

（4）将鼠标指针移动到"洞察工具"选项上，在展开的下拉列表中选择"流量解析"选项，如图5-6所示。

图5-6　选择"流量解析"选项

（5）在打开页面的"关键词分析"文本框中分别输入单猫礼包中包含的商品，这里输入"猫砂豆腐砂"，单击 查询 按钮，然后单击"竞争流量透视"选项卡，查看流量的地域分布情况，如图5-7所示。

图5-7　查看流量的地域分布情况

（6）重新打开"高级设置"对话框，单击"投放地域"选项卡，根据流量的地域分布情况设置投放地域，如图5-8所示。

图5-8　设置投放地域

（7）单击"投放时间"选项卡，默认选中"当前设置"单选项，设置1:00—9:00的折扣为60%、10:00的折扣为120%、11:00—19:00的折扣为90%、0:00和20:00—23:00的折扣为100%，如图5-9所示。单击 确定 按钮保存设置，单击对话框右上角的×按钮，关闭"高级设置"对话框。

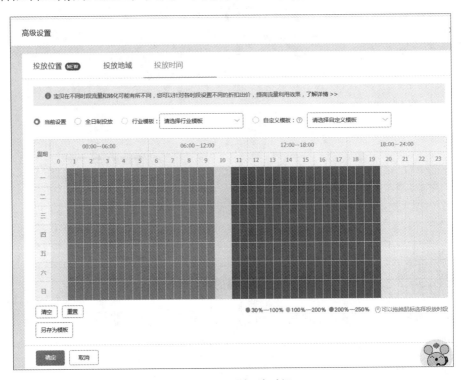

图5-9　设置投放时间

🐭专家点拨

一般来说，10:00前后，以及15:00、16:00、20:00、21:00、22:00这几个时段是流量的高峰期，同时竞争也较大。在流量低谷时间段，商家可以设置低折扣；在流量高峰时段，商家可以设置高折扣。折扣意味着出价的多少。例如，设置20:00—22:00的折扣为140%，表示20:00—22:00的出价为1.4元。

👤活动4　单元设置和创意预览

单元设置即为标准推广计划添加商品。小艾在"单元设置"面板中单击 添加宝贝 按钮，打开"添加宝贝"对话框，在"全部"选项卡中选中单猫礼包前的复选框，如图5-10所示，单击 确定 按钮完成商品的添加。

图5-10　添加商品

添加商品后，系统自动采用商品标题和商品主图生成商品在直通车广告位上的展示信息，并显示在"创意预览"面板中。

> **专家点拨**
>
> 　　直通车中，一个标准推广计划最多可以添加5个推广商品。初次投放时可以添加多个商品，然后在其中选择具有推广潜力的商品。如果想要推广销量较高的商品，建议单独为这类商品建立标准推广计划。

活动5　推荐关键词、出价和定向人群设置

　　使用直通车推广的效果与选择的关键词、人群密切相关，在完成前面的设置后，小艾需要添加与单猫礼包有关的推荐关键词和精准匹配的推荐关键词，批量修改出价，并设置定向人群，具体操作如下。

　　（1）单击 进一步添加关键词和人群 按钮，打开推广方案设置页面。在"推荐关键词"面板中，单击 +进步关键词 按钮，如图5-11所示。

　　（2）打开"添加关键词"对话框，在"词包推荐"选项卡中选中"猫砂""豆腐猫砂""膨润土"前的复选框，如图5-12所示。

　　（3）在"词推荐"选项卡中单击 精准匹配 按钮，依次选择"精准引流词""竞品优质词""行业机会词"选项。在相应的列表中选择关键词，如图5-13所示，单击 确定 按钮。

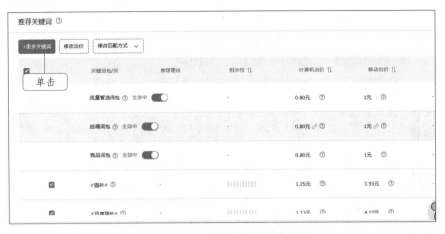

图5-11　单击"更多关键词"按钮

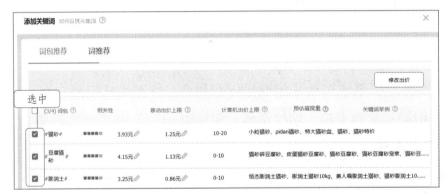

图5-12　选择词包

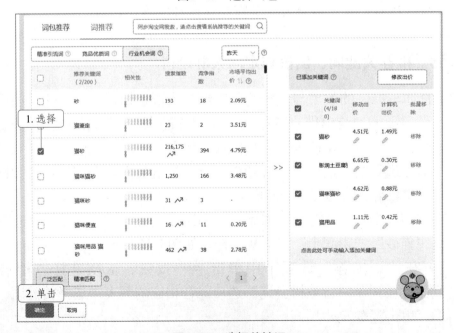

图5-13　选择关键词

（4）单击 修改出价 按钮，打开"批量修改出价"对话框，设置移动和计算机出价，如图5-14所示，单击 确定 按钮。

图5-14 设置移动和计算机出价

（5）在"推荐人群"面板中单击 +更多精选人群 按钮，打开"添加精选人群"对话框。单击"自定义添加"选项卡，选择"宝贝定向人群"选项，选择所有人群，如图5-15所示，单击 确认添加 按钮。

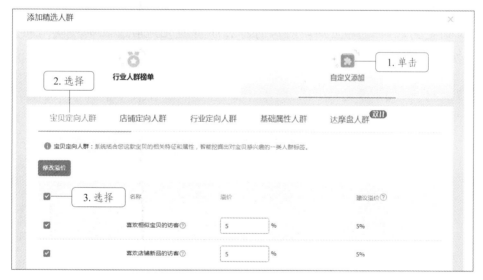

图5-15 添加宝贝定向人群

👨 **专家点拨**

宝贝定向人群是淘宝根据商品的相关特性和属性，智能化地挖掘出的对商品感兴趣的一类人群，主要包括喜欢相似商品的访客和喜欢网店新品的访客。前者不适合对其投放新品，后者容易产生收藏、加购行为，适合对其进行新品投放。

（6）打开"自定义添加"选项卡，选择"店铺定向人群"选项，选择除"浏览过智钻推广的访客"外的其余所有人群，如图5-16所示，单击 按钮。

图5-16　添加店铺定向人群

👨‍🏫**专家点拨**

店铺定向人群是淘宝结合网店的特征而智能化地挖掘出的一类人群，他们一般在该网店或同类网店有过浏览、收藏、加购或购买行为。

（7）打开"自定义添加"选项卡，选择"行业定向人群"选项，设置"功效"为"除臭、消炎止痒"、"香味"为"奶香"、"猫砂种类"为"膨润土"，如图5-17所示，单击 按钮，完成行业定向人群的添加。

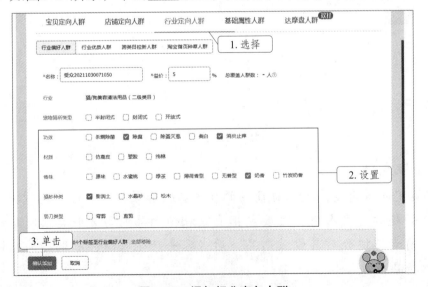

图5-17　添加行业定向人群

行业定向人群是指淘宝平台基于淘宝丰富的标签而配置的个性化人群，包括行业偏好人群、行业优质人群、跨类目拉新人群和淘宝首页"种草"人群。

（8）打开"自定义添加"选项卡，选择"达摩盘人群"选项，设置"拉新破圈"人群为有"类目拉新"和"类目高潜"标识的人群，如图5-18所示，单击 确认添加 按钮，完成达摩盘人群的添加。

图5-18 添加达摩盘人群

达摩盘人群是淘宝基于达摩盘（用于投放和解析精准人群的一个工具）组合的精选人群，人群丰富且流量大，商家可以根据需求对达摩盘人群进行组合。

（9）返回"推荐人群"面板，在该面板中单击 修改溢价 按钮，打开"批量修改溢价"对话框，选中"使用系统默认建议溢价"单选项，单击 确定 按钮，如图5-19所示。单击 完成推广 按钮，完成投放。

图5-19　批量修改溢价

商家为商品使用直通车进行推广之后，可以在淘宝获得多个页面推广、展示的机会，使用直通车推广的商品在展示区域中会有"广告"这一标识。

（1）PC端广告位。在PC端，直通车的广告位主要位于搜索结果页的"掌柜热卖"区域和"淘宝网热卖"页面，以及消费者购物车页面底部的"掌柜热卖"区域。图5-20所示为搜索结果页的"掌柜热卖"区域。

图5-20　搜索结果页的"掌柜热卖"区域

（2）App端广告位。直通车在淘宝App端的广告位也在搜索结果页中。一般来说，App端搜索结果页的第一个商品位置便是直通车的广告位，如图5-21所示，且每间隔5个或10个商品就有一个直通车的广告位。同时，直通车在App端的广告位除了有"广告"标识，还有"HOT"标识。

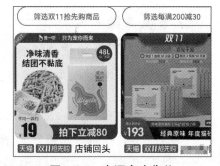

图5-21　直通车广告位

任务二 使用超级钻展和淘宝客推广

任务描述

超级钻展的使用在于满足网店日益增长的对不同人群实施差异化推广的需求，从而提高网店成交率。小艾需要根据网店在"双十一"期间的运营需求，建立超级钻展自定义推广计划，完成计划组、广告计划、创意等的设置。

任务实施

👤 活动1 使用超级钻展推广

超级钻展是一种以实时竞价的方式获取精准流量的推广工具，具有非常强的实用性。其操作主要包括设置计划组、设置广告计划和设置创意3部分。

第一步 设置计划组

此次推广的目的是增强网店的影响力，因此，小艾新建了超级钻展自定义推广计划，并设置计划组名称为"自定义计划组_20211101_1111"，具体操作如下。

（1）登录淘宝网，进入千牛卖家中心，单击"营销中心"栏下的"营销推广中心"超链接。打开"我要推广"页面，选择"钻石展位"选项，如图5-22所示。

（2）打开"超级钻展"首页，将鼠标指针移动到"计划"选项上，在展开的列表中选择"自定义计划"选项，如图5-23所示。

图5-22 选择"钻石展位"选项

图5-23 选择"自定义计划"选项

（3）打开"自定义计划"页面，在"计划组"选项卡中单击 +新建计划组 按钮，如图5-24所示。打开"计划组类型"面板，默认选择"自定义"选项，输入计划组名称，如图5-25所示，单击 下一步 按钮，完成计划组的设置，并进入设置计划页面。

图5-24　单击"新建计划组"按钮

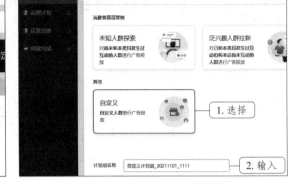

图5-25　输入计划组名称

第二步 设置广告计划

设置好计划组后，小艾还要设置广告计划，广告计划包括计划的基本信息、定向人群、广告位、预算和出价等。小艾将投放日期设置为"2021-11-01—2021-11-11"，并添加了4类常用人群和"18～34岁、未婚和已婚已育、居住在一级和二级城市"的目标人群，设置投放广告位为站内App端资源位，采用成本控制预算的方式，设置略高于市场均价的预期控制金额，具体操作如下。

（1）在设置计划页面的"基本信息"面板中，设置计划名称为"自定义计划_20211101_1111"，并设置投放日期为"2021-11-01—2021-11-11"，单击 确定 按钮，如图5-26所示。

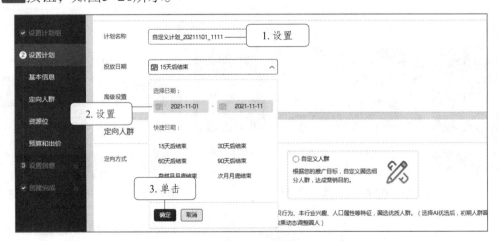

图5-26　设置计划名称和投放日期

（2）在"定向人群"面板中，选中"自定义人群"单选项，单击"常用人群"栏中的 添加 按钮，如图5-27所示。

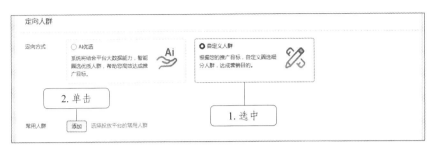

图5-27　设置定向方式、添加常用人群

（3）打开"添加常用人群"对话框，单击"关键词兴趣"选项卡，默认打开"主题推荐"页面，在该页面中选择"彼一叻旗舰店高转化人群"选项，在展开的子列表中选择除"猫咪零食"以外的其他所有关键词，单击 [确定] 按钮，如图5-28所示。

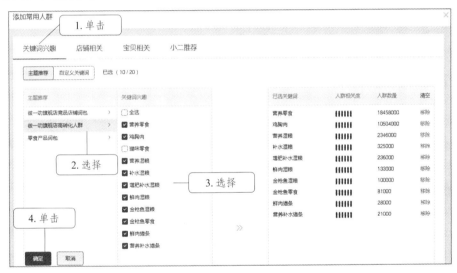

图5-28　添加关键词兴趣人群

（4）打开"添加常用人群"对话框，单击"店铺相关"选项卡，在打开的页面中选中"店铺智选人群""相似店铺人群""店铺优质人群"复选框，如图5-29所示，单击 [确定] 按钮。

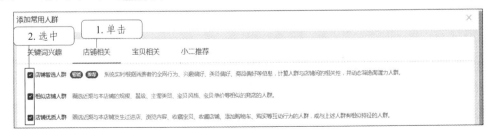

图5-29　添加店铺相关人群

（5）打开"添加常用人群"对话框，单击"宝贝相关"选项卡，在打开的页面中选中"相似宝贝人群""宝贝优质人群""宝贝行为人群"复选框，并选择指定商品，单击 确定 按钮，如图5-30所示。

图5-30　添加宝贝相关人群

（6）打开"添加常用人群"对话框，单击"小二推荐"选项卡，在打开的页面中选中"双十一本行业精选人群包""双十一最具种草潜质人群""历年双十一类目高消费力人群""历年双十一类目高活跃人群"复选框，单击 确定 按钮，如图5-31所示。

（7）单击"更多人群"对应的 添加 按钮，打开"添加更多人群"对话框，设置"用户性别"为"不限"，"用户年龄"为"18～24岁、25～29岁、30～34岁"，"用户职业"为"不限"，"人生阶段"为"单身、恋爱、已婚已育"，"城市等级"为"一级城市、二级城市"，"消费能力"为"偏高"，如图5-32所示，单击 确定 按钮。

（8）在"资源位"面板中，设置"投放方式"为"自定义资源位"，"广告位置"为"站内资源位"，默认选中"竖版钻石位"和"无线焦点图"复选框，如图5-33所示。

图5-31　添加大促专享人群

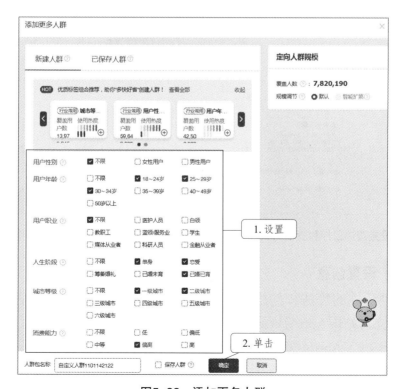

图5-32　添加更多人群

图5-33　设置资源位

（9）在"预算和出价"面板中，选中"点击量"单选项，默认选中"成本控制"单选项，如图5-34所示。在"期望控制金额"数值框中输入"11.35"元/次点击，设置每日预算为"1135"元，单击 下一步，设置创意 按钮，如图5-35所示。

图5-34　设置营销目标和竞价方式

图5-35　设置期望控制金额和预算类型

第三步 设置创意

创意即创造性的想法和构思，超级钻展的创意体现在图文的设计上。由于投放的广告位为站内App端资源位，为了吸引更多的消费者点击，小艾将公司设计好的用于淘宝App超级钻展广告位展示的创意上传到了创意库中，在添加创意时，直接从创意库中选择创意，如图5-36所示，由此完成整个超级钻展推广计划的创建。

图5-36 从创意库中上传创意

 知识窗

1. 了解超级钻展的广告位

被推广的商品将出现在超级钻展的广告位中。目前，超级钻展拥有站内广告位和站外广告位两种类型，具体内容如表 5-1 所示，商家可以根据推广目的，选择合适的广告位。

表5-1 超级钻展的广告位

广告位	具体位置
竖版钻石广告位	淘宝移动端首页，该位置的第2幅图和第3幅图为首页焦点图
PC焦点图资源位	淘宝和天猫PC端首页的焦点图
PC精选	淘宝和天猫PC端首页的精选大图
PC通栏	淘宝和天猫PC端首页的通栏图
今日头条等新闻类	推荐页面中带有"广告""阿里""去淘宝"等标识的大图广告位
手机浏览器类	推荐页面中带有"淘宝广告""天猫广告"等标识的广告位
支付宝蚂蚁庄园	蚂蚁庄园橱窗页面第1和第6个广告位

2．了解超级钻展的费用计算方式

超级钻展采用实时竞价的方式售卖广告位，价高者优先获得在广告位展示的机会。同时，超级钻展采用两种费用计算方式，一种是按消费者点击次数计费（Cost Per Click，CPC），另一种是按广告展示次数计费（Cost Per Mile，CPM）计费，具体的计算方式如下。

$$实际扣费 = CPM \div 系统预估点击率 \div 1000$$

知识窗

活动2 使用淘宝客推广

淘宝客是专为淘宝商家服务的推广工具，淘宝客的推广主要由淘客完成，商家需要支付淘客一定的推广费用。小艾决定先确定淘宝客的推广计划，再进行计划的创建。

第一步 确定淘宝客推广计划

小艾认为，网店中虽然有部分商品的销量较好，但还没有一个能够给消费者留下深刻印象的商品。因此，小艾决定先建立淘宝客营销计划，主推销量较好的规格为2.5kg的猫砂。

第二步 创建淘宝客营销计划

根据预设，小艾通过千牛卖家中心进入淘宝客设置页面，建立了淘宝客营销计划，添加规格为2.5kg的猫砂为主推商品，并设置推广时间为"2021-11-14—2021-12-31"、佣金率为3%，具体操作如下。

（1）进入千牛卖家中心，将鼠标指针移动到"营销中心"右侧的展开按钮上，单击"营销推广中心"超链接，如图5-37所示。

（2）打开"我要推广"页面，单击"淘宝客"选项中的 开始拓展 按钮，如图5-38所示。

（3）打开"淘宝联盟·商家中心"页面，单击页面左侧"计划管理"栏下的"营销计划"超链接，如图5-39所示。

（4）打开"营销计划管理"页面，单击 添加主推商品 按钮。打开"添加主推商品"对话框，选择规格为2.5kg的猫砂，单击 确定 按钮，如图5-40所示。

（5）在日期上方单击，在展开的面板中单击 不限 按钮，设置推广结束时间，单击 确定 按钮，如图5-41所示。

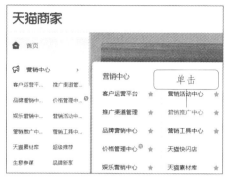

图5-37　单击"营销推广中心"超链接

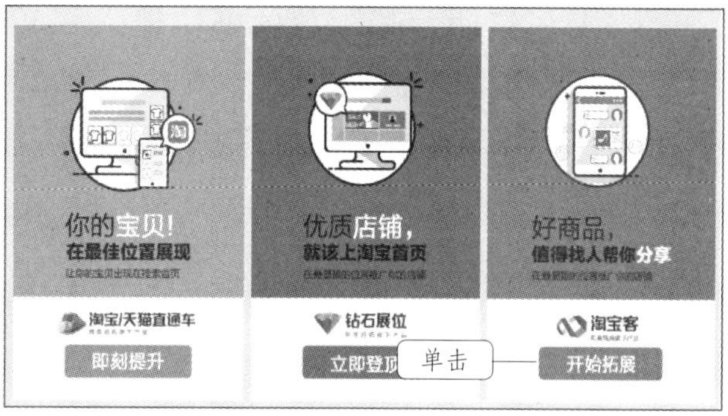

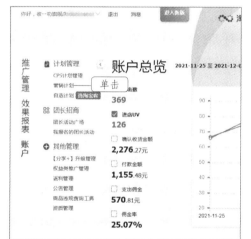

图5-38　单击"开始拓展"按钮

图5-39　单击"营销计划"超链接

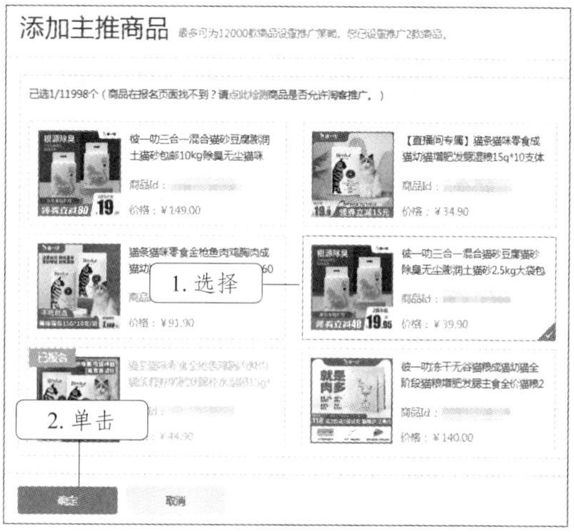

图5-40　添加主推商品

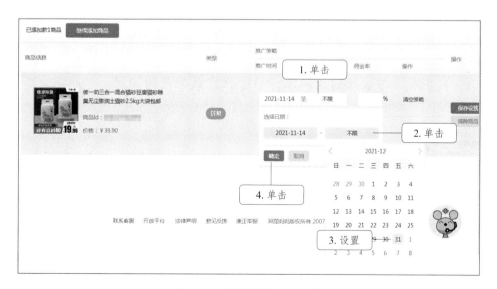

图5-41　设置推广结束时间

（6）在"佣金率"数值框中输入"3"，单击 保存设置 按钮，如图5-42所示，完成营销计划的创建。

图5-42　输入佣金率并保存设置

👩 **专家点拨**

淘客是通过淘宝客接单，为商家推广商品，吸引消费者购买商品，促成商品成交的一类人。淘宝客中有两类推广计划：一类是推广商品的营销计划；另一类是推广整个网店的计划，包括定向计划、自选计划。

🛍 **动手做**

建立淘宝客自选计划

淘宝上有很多网店都会使用淘宝客进行推广，特别是一些已经发展到一定规模的网店。它们会自己选择优质的淘宝客，建立自选计划进行推广。现在有一家服装网店，计划建立自选计划推广整个网店，请同学们按照以下要求使用淘宝客达成相应目标。

（1）设置佣金率为5%。

（2）设置主推商品为一款充绒量为90%的长款羽绒服，主推商品的佣金率为20%。

（3）查看参与该计划的淘客，移除推广效果差的淘客。

任务三　直播带货

任务描述

老李告诉小艾，直播带货是"双十一"活动中的重要一环，商家通过直播不仅可以与消费者更好地互动交流，还能迅速增加商品的销量，特别是10月31日晚上的直播，几乎决定着网店"双十一"的营销目标能否实现。因此，小艾首先详细策划了10月31日当晚的直播脚本，然后发布了直播预告，并在直播前完成了直播场地的布置、直播间的装修、互动方式的设置、直播的推广等工作。

任务实施

👤 活动1 策划直播脚本

小艾明白，清晰明了的直播脚本有利于推动直播有序进行。因此，在策划直播脚本时，小艾首先罗列了直播各要素，包括直播的人员、时间、背景、主题、商品、交谈内容等。然后梳理了当晚需要进行直播推广的商品，并按照商品的销量对商品进行调整，设置每推广两个销量一般的商品便推广一个销量较好的商品，以调动直播间的气氛。同时，小艾策划了多场直播活动，并根据商品的卖点制作了直播脚本。其中一场直播的脚本如图5-43所示。

10.31直播脚本

直播人员： 老李、小艾

直播时间： 10月31日20:00—11月1日00:30

直播背景： 带有"双十一"字样的背景墙

直播主题： "双十一"大促现货抢先购

直播商品： 6袋/份的猫条、2.5kg的豆腐猫砂、5kg的豆腐猫砂、猫罐头、单猫礼包、多猫礼包、2袋/份的猫条、冻干无骨猫粮、10kg的豆腐猫砂以及宠物羊奶……

时间	项目	商品	交谈内容
20:00—20:20	打招呼，介绍商品以及优惠活动	无	大家晚上好！今晚我们提供了超多好东西，有6袋/份的猫条、2.5kg的豆腐猫砂、5kg的豆腐猫砂、猫罐头、单猫礼包、多猫礼包、2袋/份的猫条、冻干无骨猫粮、10kg的豆腐猫砂以及宠物羊奶，而且还有抽免单福利，大家千万不要走开！
20:20—20:30	介绍商品，在猫砂上倒水，将结团的猫砂丢入水中，并搅拌，介绍猫砂优惠信息	10kg的豆腐猫砂	这款豆腐猫砂非常好用，家里养了猫的小伙伴不要错过。 这是一款三合一混合猫砂，植物配方，不扬尘。同时可以迅速结团，快速除臭，而且遇水速溶，可以直接在厕所中冲弃。 这款猫砂的量非常多，可以使用很长一段时间，特别适合喜欢囤货的小伙伴。 4袋/份的猫砂原价是199.6元，8袋/份的猫砂原价是399.2元，今晚在直播间领券下单，4袋/份的猫砂只需要91.6元，8袋/份的猫砂只需要170.6元，拍8袋更划算
20:30—20:40	展示礼包内包含的所有商品，并介绍礼包优惠信息	单猫礼包	有没有家里养了猫之后什么都想买的小伙伴？还有没有准备养猫但不知道该买什么的小伙伴？通通看过来。 为了方便大家购买，我们准备了一份单猫礼包，里面有猫条、猫罐头、冻干无骨猫粮羊奶、猫砂，这样大家就不用一样一样地买了，一个包裹就可以搞定，真的非常方便！
20:40—20:50	展示商品包装，并介绍猫砂优惠信息	2.5kg和5kg的豆腐猫砂	如果刚刚的猫砂大家嫌量太多了，可以选择这款猫砂。 这款猫砂有两个规格，一个是2.5kg，另一个是5kg，品质是一样的。 这款猫砂也是我们店里卖得很好的一款商品，口碑非常好用，想要换猫砂的小伙伴可以买回去试试。 今晚下单，2.5kg猫砂只需要35元，5kg的猫砂只需要46.9元很划算！
20:50—21:00	打开商品包装袋，展示商品容量，并展示肉质，介绍猫条优惠信息	60支猫条	这款猫条有两个口味，一个是金枪鱼口味，另一个是鸡肉口味。金枪鱼口味猫条的原材料是来自深海的金枪鱼，大家都知道，金枪鱼本身含有丰富的蛋白质，而且猫喜欢吃鱼，这可以解决猫不喜欢吃东西的问题。鸡肉口味的原材料是优质的鸡胸肉，也有丰富的蛋白质。同时，猫条里面还添加了牛磺酸、茶多酚、维生素A、维生素E等多种猫咪所需的营养物质。大家可以看到，猫条肉质非常细腻，汁水也很足，方便猫吞咽，营养物质吃了也不会觉得口干。这次一份猫条中共有6袋，两种口味各3袋，想要一种口味或者自由组合的可以联系客服备注。下单立减40元，58.7元到手，相当于打5折，想买的小伙伴们要快点下单，我们这款商品的库存没有多少！

图5-43 部分直播脚本

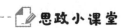 **思政小课堂**

在策划直播脚本时，商家可以根据平时观看直播的习惯，总结所看直播做得好的地方，并将其写入自己的直播脚本；也可以不断总结以往直播的经验，吸取教训，不断提升自己。

👤 活动2 发布直播预告

由于没有进行过直播，小艾需要先下载"淘宝直播"App并入驻，然后在直播中控台中创建直播并添加商品，发布直播预告，具体操作如下。

（1）进入千牛卖家中心，单击"内容运营中心"栏下的"淘宝直播"超链接。

（2）打开"淘宝直播"首页，单击 下载客户端 按钮，打开淘宝直播客户端下载页面，将鼠标指针移动到"手机端App下载"选项上，使用手机扫描二维码进行下载，如图5-44所示。

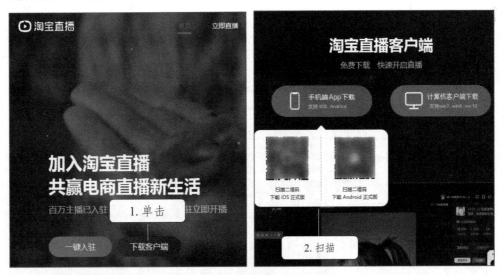

图5-44 下载淘宝直播App

（3）下载完成后，打开淘宝直播App，点击 立即入驻·即可开启直播 按钮，在打开的界面中点击"实人认证"右侧的 去认证 按钮，如图5-45所示。进入认证界面，完成实人认证，完成后点击 完成 按钮。

（4）重新打开淘宝直播首页，将鼠标指针移动到"立即直播"选项上，在展开的列表中选择"直播中控台"选项，如图5-46所示。打开直播中控台，单击 创建直播 按钮，如图5-47所示。

图5-45 实人认证

图5-46 选择"直播中控台"选项　　　图5-47 单击"创建直播"按钮

（5）在打开的页面中单击"上传图片"按钮，打开"打开"对话框，选择封面图（配套资源：素材文件\项目五\直播封面图.png），单击)按钮，如图5-48所示。

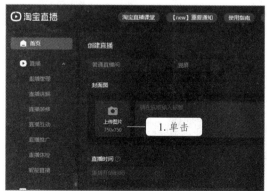

图5-48 上传直播封面图

（6）打开"上传"对话框，调整图片的大小和角度，单击 保存 按钮，在"封面图"下方的文本框中输入"看直播，抢半价福利"，如图5-49所示。

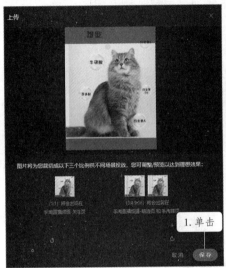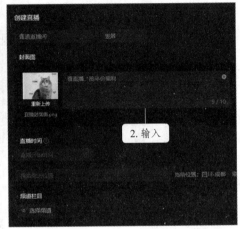

图5-49　输入标题

（7）单击"直播时间"列表框，在展开的列表框中选择直播开始时间，单击 确定 按钮，如图5-50所示。单击"搜索附近位置"，在展开的下拉列表中选择直播所在地。

（8）单击 选择频道 按钮，打开"添加标签"对话框，依次选择"花鸟市场""撸猫遛狗"选项，单击 确定 按钮，如图5-51所示。单击 创建直播 按钮，完成创建。

图5-50　选择时间　　　　　　　　　图5-51　添加标签

（9）单击"非必填项"的延展按钮 ，单击"添加宝贝"按钮 ，打开"宝贝"对话框，选择"本店热销"选项，选择猫砂、猫条、猫罐头等商品，单击 按钮，如图5-52所示。

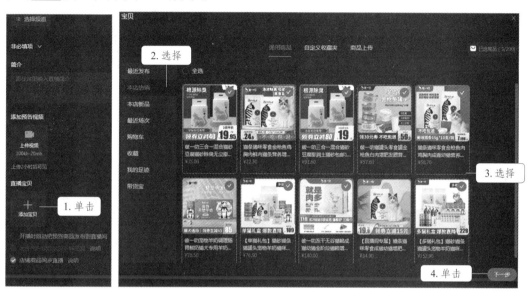

图5-52 添加宝贝

（10）单击 按钮，打开"编辑利益点"对话框，输入商品的利益点，单击 按钮，如图5-53所示。单击 按钮，关闭"宝贝"对话框。

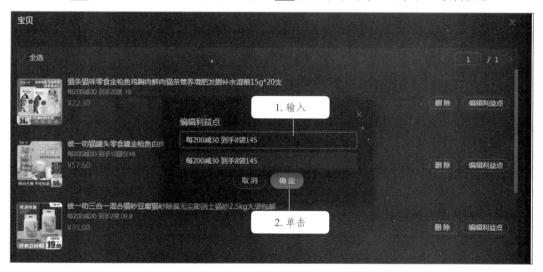

图5-53 编辑利益点

（11）选中"开播时自动把预告商品发布到直播间""店铺商品同步直播"单选项，单击 按钮，如图5-54所示。

图5-54 单击"创建直播"按钮

（12）发布后的直播预告在后台的显示效果如图5-55所示。

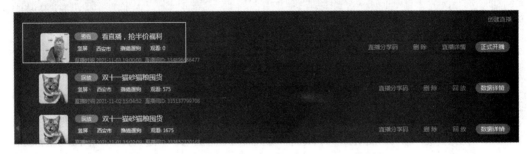

图5-55 直播预告后台显示效果

👤 活动3 布置直播场地并装修直播间

完成直播预告的发布后，老李带领小艾布置直播场地和装修直播间。老李告诉小艾，直播场地非常重要，既要保证直播的效果，又要保证直播的过程中不会干扰到其他人。因此，老李带领小艾从选择直播场地开始，直至完成直播间的装修。具体步骤如下。

第一步 选择直播场地

直播过程中会使用话筒放大声音，所以需保证直播场地不会产生回音，并且能够让消费者看清楚主播和商品，因此，老李选择了一间隔音效果好、无回音、光线好的屋子作为直播场地。

第二步 布置直播背景墙

网店的直播一般在室内进行，需要布置直播背景墙。为了避免直播背景墙分散观看直播的消费者的注意力，老李带领小艾将背景墙的颜色更换为了浅绿色。

第三步 布置辅助道具和布局灯光

为了方便放置展示的商品，老李准备了一张白色的桌子和一把椅子。在灯光的布局方面，老李使用了4盏灯，布置方式如图5-56所示。

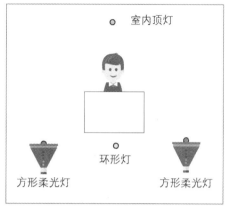

图5-56　灯光布置

第四步　装修直播间

直播正式开始前，还有一项很重要的工作需要完成，那就是装修直播间。由于直播时不需要更换场景，因此，老李让小艾单独完成这一工作。小艾决定使用系统提供的模板装修直播间，选择了能够在直播中显示直播营销信息的"主播信息卡"模板，将当晚的直播福利显示在直播画面的左上角。

具体操作方法：进入直播中控台，选择"直播装修"选项，在模板装修栏中单击"主播信息卡"下的 立即使用 按钮，使用该模板，如图5-57所示。

图5-57　选择装修模板

👤 活动4　直播互动

直播开始后，一切都在顺利推进。但是，过了一段时间后，小艾发现，新进入直播间的消费者很少，如果不采取直播互动措施，将达不到通过直播引入大量流量的效果。为此，小艾设置了分享福利，消费者只要分享了直播间便可以抽奖，具体操作如下。

（1）进入直播中控台，选择"直播管理"选项，选择正在进行的直播，单击 直播详情 按钮。打开直播详情页面，选择"互动中心"栏下的"福利抽奖"选项，如图5-58所示。

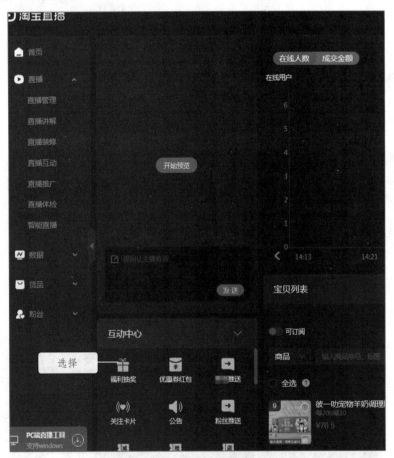

图5-58　选择"福利抽奖"选项

（2）打开"福利抽奖"对话框，在"新抽奖"选项卡中，设置"抽奖方式"为"分享抽奖"，"奖品名称"为"分享领券"，"奖品价值"为"15"元，"奖品数量"为"1000"件，"倒计时设置"为"1分钟"，如图5-59所示。

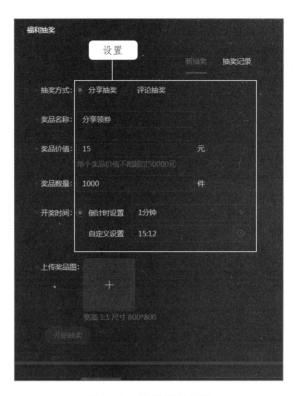

图5-59　设置福利抽奖

（3）在"上传奖品图"栏中单击➕按钮，完成奖品图的上传后单击 开始抽奖 按钮。

活动5　推广直播

为了进一步引入新的流量，小艾决定使用淘宝提供的超级直播功能主动推广直播，并设置平台精选人群，以将直播推送到这些人群面前，具体操作如下。

（1）选择"直播管理"选项，选择正在进行的直播，单击 直播推广 按钮。

（2）打开"超级直播"对话框，在"人群设置"面板中单击"设置定向"超链接，如图5-60所示。

图5-60　单击"设置定向"超链接

（3）打开"平台精选"对话框，默认选择"大促精选"选项与推荐热度高的人群，如图5-61所示，单击 确定 按钮。

图5-61　选择人群

（4）单击开启"自定义上传创意"，单击"添加创意"按钮+，如图5-62所示。完成创意的设置后，即可推广直播。

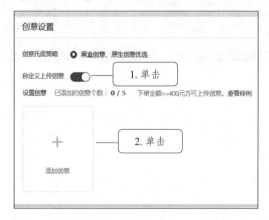

图5-62　创意设置

项目总结

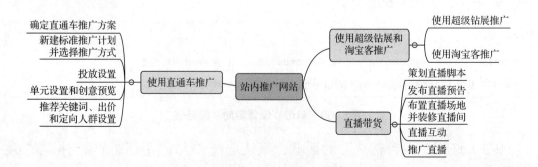

项目六

站外推广网店

情境创设

　　经营网店一段时间后,老李告诉小艾,仅仅在淘宝站内引流已经不能满足网店当前的发展需求,还要尽可能地借助站外的一些渠道为网店引流,包括微信、微博、抖音等。因此小艾需要根据网店的实际发展情况,分别通过微信、微博和抖音对网店进行站外推广。

 学习目标

知识目标

1. 了解微信公众号、微信朋友圈和微信群的相关知识。
2. 了解微博的相关知识。
3. 了解抖音的相关知识。

技能目标

1. 能够发布微信公众号,并在微信朋友圈和微信群中推广网店。
2. 能够使用微博发布网店信息,并运营好网店官方微博账号。
3. 能够为网店制作短视频,并运营好网店的抖音账号。

素养目标

1. 遵守第三方平台的规则。
2. 努力创作积极向上、充满正能量的内容。

任务一 使用微信推广

任务描述

小艾向老李请教后，将使用微信推广的任务划分为3个部分：一是为网店注册微信公众号，并使用微信公众号推广网店；二是使用淘宝App和千牛App分享商品信息到微信朋友圈；三是建立微信群，并在微信群中推广网店。

任务实施

👤 活动1 使用微信公众号推广

要使用微信公众号推广网店，就要先拥有一个微信公众号。因此，小艾首先为网店注册了微信公众号，然后登录该账号，编写推广内容并发布，具体步骤如下。

第一步 注册微信公众号

微信公众号通常有4类：服务号、订阅号、小程序和企业微信。其中，订阅号更适用于传播信息，发布文章。因此，小艾选择注册订阅号。为了更好地发挥品牌优势，小艾选择注册主体类型为"企业"，并将微信公众号名称设置为品牌名称"彼一叻"，具体操作如下。

（1）在浏览器中搜索微信公众平台，打开微信公众平台首页。单击页面顶部的"立即注册"超链接，如图6-1所示。

（2）打开注册页面，选择"订阅号"选项，如图6-2所示。

图6-1 单击"立即注册"超链接

图6-2 选择"订阅号"选项

（3）打开基本信息填写页面，在"邮箱"文本框中输入邮箱地址，单击 激活邮箱 按钮，如图6-3所示。

（4）在打开页面的"验证码"文本框中输入下方图片中显示的验证码，单击 发送邮件 按钮，如图6-4所示。

图6-3 激活邮箱 图6-4 输入验证码

（5）登录邮箱，打开微信公众平台发来的邮件，找到其中的验证码，然后返回邮箱注册页面，在"邮箱验证码"文本框中输入正确的验证码，再输入并确认登录密码，选中"我同意并遵守《微信公众平台服务协议》"复选框，单击 注册 按钮，如图6-5所示。

（6）打开"选择类型"页面，在其中的下拉列表框中选择品牌注册地，单击 确定 按钮，如图6-6所示。

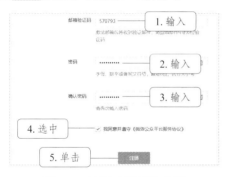 

图6-5 填写验证码和密码 图6-6 选择企业注册地

（7）在打开的页面中单击"选择并继续"超链接，如图6-7所示。

（8）打开"温馨提示"对话框，单击 确定 按钮，如图6-8所示。

图6-7 单击"选择并继续"超链接 图6-8 "温馨提示"对话框

（9）打开"信息登记"页面，在"主体类型"栏后选择"企业"选项，如图6-9所示。

（10）在"主体信息登记"栏下选中"企业类型"后的"企业"单选项，在"企业名称"文本框中输入品牌名称"彼一助"，在"营业执照注册号"文本框中输入已经注册的营业执照注册号，选中"微信认证"单选项，如图6-10所示。

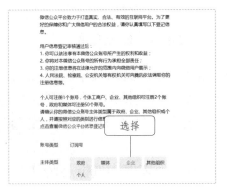

图6-9　选择"企业"选项

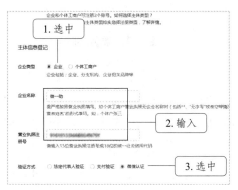

图6-10　主体信息登记

（11）在"管理员信息登记"栏下的"管理员身份证姓名"文本框中输入老李的姓名"李洪亮"，并依次输入管理员身份证号码、手机号码，单击 获取验证码 按钮，并输入获取的短信验证码，如图6-11所示，然后扫描二维码验证身份信息。

（12）在"创作者信息"栏下输入创作者昵称，单击 继续 按钮，如图6-12所示。

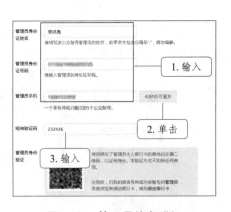

图6-11　管理员信息登记

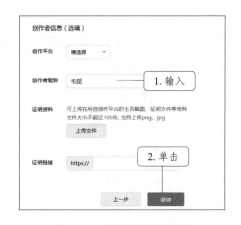

图6-12　输入创作者信息

（13）打开提示对话框，单击 确定 按钮，如图6-13所示。

（14）在打开的页面中设置账号名称为品牌名称，并设置功能介绍、运营地区等，设置完成后单击 完成 按钮完成注册，如图6-14所示。

图6-13　"主体信息提交后不可修改"提示框

图6-14　设置微信公众号信息

（15）打开"注册成功"对话框，前往微信认证，支付审核费用并等待审核。

第二步　挖掘微信公众号的特色

微信公众号注册完成后便可以发布推广内容。为了让微信公众号的推广内容具有可读性，小艾决定先挖掘微信公众号的特色。

小艾在微信上搜索推送宠物食品/用品的公众号，并查看这些微信公众号推广的内容，分析这些内容的异同点，结果如表6-1所示。

表6-1　同类型微信公众号推广内容的异同点

相同点	不同点
推送养育宠物的相关知识，包括宠物在不同阶段的习性、宠物的喂养方式、通过哪些方法来判断宠物的健康状态等	内容呈现形式不同：有的采用文字中穿插图片的形式，有的采用将文字、图片制成小卡片的形式
在推送知识时推广相应的商品，并阐述该商品的卖点	角度不同：有的站在朋友的角度提建议，有的站在权威的角度科普知识
推送网店活动信息	风格不同：有的色彩比较柔和，以暖色调为主；有的色彩比较强烈，以黑色、红色调为主，并将内容和角色制作成漫画；有的色彩比较深沉，以蓝色调为主
开展有奖互动游戏	商品推广链接的位置不同：有的穿插在文章中，有的放置在文章末尾，有的单独放在文章下方、评论区中的广告区

为了让网店的微信公众号独具特色，同时又具有宠物食品/用品微信公众号的共性，小艾决定求同存异。一方面推送其他微信公众号都会推送的内容，如养育宠物的相关知识、网店活动信息；另一方面根据公众号文案内容的特色，选择在文字中穿插图片的内容呈现形式，并将商品推广链接放在文章末尾。

第三步 发布推广内容

微信公众号的内容需要群发才能展现在所有用户面前，订阅号一天仅可以向用户发送一条群发消息。为了更直观、更形象地把想法传递给用户，小艾选择向用户发送图文形式的内容。登录微信公众号后，小艾需要在公众号后台编辑好图文内容，并设置群发，具体操作如下。

（1）登录微信公众号，打开微信公众号首页，在左侧的菜单栏中选择"内容与互动"栏下的"草稿箱"选项，如图6-15所示。

（2）将鼠标指针移动到"新的创作"选项上，在展开的列表中选择"写新图文"选项，如图6-16所示。

图6-15　选择"草稿箱"选项

图6-16　选择"写新图文"选项

（3）在"请在这里输入标题"处输入标题"铲屎的，你怎么不吃老鼠啊"，在"请输入作者"处输入"毛豆"，在"从这里开始写正文"处输入摘要和正文，如图6-17所示。

（4）选中所有文字，选择"段前距"选项，在打开的下拉列表中选择"10"选项，如图6-18所示，使用同样的方法设置段后距。

（5）将文本插入点定位到第一段的末尾，按【Enter】键。选择页面顶部的"图片"选项，在展开的列表中选择"从图片库选择"选项，如图6-19所示。

（6）打开"选择图片"对话框，单击 上传文件 按钮，如图6-20所示。

（7）打开"打开"对话框，按【Ctrl】键选择所需的多张图片（配套资源：\素材文件\项目六\01.png、02.jpg、商品图.jpg），单击 打开(O) 按钮，如图6-21所示。显示上传成功后，取消选中其他图片，仅选中"01.png"，单击 确定 按钮，插入图片"01.png"。

（8）选中图片，选择"裁剪"选项，向里拖动图片四周的裁剪条，确定好图片的保留区域后，单击 完成 按钮裁剪图片，如图6-22所示。

图6-17　编辑标题、作者名称、摘要和正文

图6-18　设置段前距、段后距

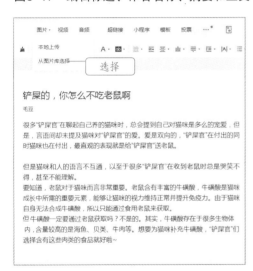

图6-19　选择"从图片库选择"选项

图6-20　单击"上传文件"按钮

图6-21　选择图片

图6-22　裁剪图片

（9）选中图片，将鼠标指针移动到图片的一个角上，按住鼠标左键不放，拖动鼠标指针调整图片大小，如图6-23所示。

（10）在最后一段文字末尾按两次【Enter】键，使用相同的办法插入"商品图.jpg"，并调整图片大小，如图6-24所示。

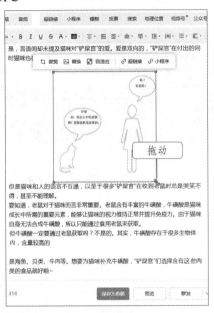

图6-23　调整图片大小

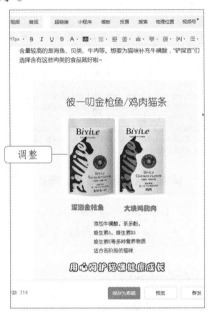

图6-24　插入图片并调整图片大小

（11）将鼠标指针移动到"拖曳或选择封面"选项上，在展开的列表中选择"从图片库选择"选项，如图6-25所示。

（12）打开"选择图片"对话框，选择图片"02.jpg"作为封面图，单击▇▇▇按钮，编辑封面图，完成后单击▇▇按钮，如图6-26所示。

图6-25　设置封面

图6-26　编辑封面

（13）在"摘要"文本框中输入摘要，单击 保存为草稿 按钮保存内容，单击 群发 按钮发布内容，如图6-27所示。在弹出的提示框中依次单击 群发 按钮、继续群发 按钮，并联系管理员扫码验证，群发后的效果如图6-28所示。

图6-27　输入摘要并群发

图6-28　群发后的效果

第四步　设置自动回复

为了减少人工回复的工作量、提高服务效率，小艾设置了自动回复。考虑到微信公众号刚注册不久，小艾暂时只设置了被关注自动回复，回复内容为文字，具体操作如下。

（1）在微信公众号首页左侧的菜单栏中单击"内容与互动"栏下的"自动回复"超链接，打开"被关注回复"页面。

（2）默认选择"文字"选项，在文本框中输入回复内容，如图6-29所示，单击 保存 按钮。

图6-29　设置被关注自动回复

知识窗

在微信公众号中，可以设置关键词回复、收到消息回复和被关注回复3类自动回复，如图6-30所示，这3类自动回复的作用如图6-31所示。

图6-30　自动回复界面

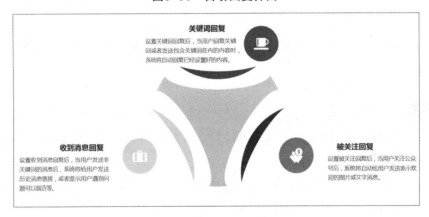

图6-31　3类自动回复的作用

**知识窗**

思政小课堂

我们在创作微信公众号内容时，要树立正确的价值观，坚持原创，坚决杜绝抄袭。同时也要维护自身的知识产权，当发现自己被抄袭时要学会利用合法手段维权。

活动2　使用微信朋友圈推广

微信朋友圈推广是微信推广中比较常见的一种方式，图片、文字、视频等都可以发送到朋友圈中进行推广。小艾计划使用两种推广方式，一种是使用淘宝App分享商品链接到微信朋友圈进行推广，另一种是使用千牛App分享商品的淘长图到微信朋友圈进行推广。

1. 使用淘宝App分享商品链接到微信朋友圈

在使用淘宝App分享商品链接到微信朋友圈时，为了建立大家对品牌的信任，小艾挑选了一款销量较高、口碑较好的商品——猫砂。将商品链接分享到微信朋友圈进行推广的具体操作如下。

（1）打开淘宝App，进入网店选择一款销量较高、口碑较好的猫砂，打开商品详情页，点击界面右上角的 按钮，选择分享到"朋友圈"，如图6-32所示。

（2）点击 按钮，保存图文素材，如图6-33所示。

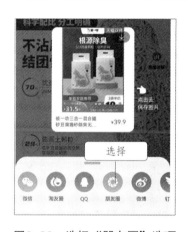

图6-32　选择"朋友圈"选项

图6-33　点击"一键保存"按钮

（3）点击 按钮，打开朋友圈，点击页面右上角的 按钮，在打开的界面中选择"从相册选择"选项，选择刚才保存的商品图片。

（4）输入文字内容，点击 按钮，将内容发布到微信朋友圈，如图6-34所示。

（5）切换回淘宝App，点击 按钮，跳转回微信朋友圈页面，在刚发布的朋友圈的评论区中粘贴淘口令，点击 按钮，如图6-35所示。

> 🧑 **专家点拨**
>
> 朋友圈中的内容一般只能由微信好友查看，局限性较大。为了扩大商品在朋友圈的影响范围，商家可以通过策划活动、会员管理等方式，引导和邀请消费者添加网店的微信号，再使用淘宝PC端制作手机宣传海报，发送至微信朋友圈，增加点击量。也可以使用淘宝App制作海报并生成链接，再将该链接分享到微信朋友圈中。

图6-34　点击"发表"按钮

图6-35　点击"发送"按钮

2. 使用千牛App分享淘长图到微信朋友圈进行推广

千牛App可以满足用户随时随地办公的需求，并且可以生成含有二维码的商品长图链接。使用千牛App分享淘长图首先需要下载千牛App，因此，小艾通过千牛卖家中心的"千牛下载"下载了千牛App，然后登录千牛App并分享淘长图到微信朋友圈进行推广。

具体的操作方法：点击千牛App首页，在"常用工具"栏中点击"用户运营"工具，打开"用户运营"界面后，选择"宝贝推广"选项，如图6-36所示，并根据提示完成标题的设置、商品的选择，待创建成功后保存系统生成的淘长图链接，然后将淘长图分享到微信朋友圈即可。

图6-36　使用千牛App进行宝贝推广

活动3　使用微信群推广

在小艾的精心运营下，网店微信公众号有了一批忠实的用户，基于对微信公众号的信任，这些用户逐渐转化为网店的消费者。为了进一步强化这些用户的购买行为，小艾建立了微信群，在微信群中进一步推广网店，具体步骤如下。

第一步 创建微信群并分享微信群二维码

一个微信群最少需要3位成员，为此，小艾在创建微信群时将老李和另一位同事韩瑞设置为群成员，并将微信群名称修改为"官方福利粉丝群"，然后在微信公众号发布的文章末尾附带上微信群二维码，并告知用户进群可享受福利，具体操作如下。

（1）登录微信账号，点击界面右上角的⊕按钮，在展开的下拉列表中选择"发起群聊"选项，如图6-37所示。

（2）打开"发起群聊"界面，选择老李、韩瑞，如图6-38所示，单击界面右下角的 完成(1) 按钮，完成微信群的创建。

图6-37　选择"发起群聊"选项

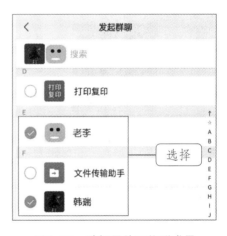

图6-38　选择另外两位群成员

（3）进入微信群，点击微信群右上方的 ••• 按钮，如图6-39所示，打开"聊天信息"界面。

（4）选择"群聊名称"选项，将微信群名称修改为"官方福利粉丝群"。选择"群二维码"选项，如图6-40所示，打开二维码显示界面，将二维码保存到手机中，并将保存的二维码图片传送到计算机上。

（5）登录微信公众号，编辑新图文消息，在文章末尾插入二维码图片，并适当裁剪，如图6-41所示。

（6）将鼠标指针定位到二维码右侧，按【Enter】键，在二维码上方插入福利信息"扫描下方二维码，加入官方福利粉丝群，可享受以下福利：新粉入群抽奖福利、不定时群内抽奖福利、直播预告提前剧透、大家一起聊天分享"，如图6-42所示。

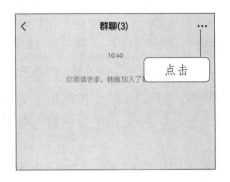

图6-39　点击右上角的按钮

图6-40　选择"群二维码"选项

图6-41　插入并裁剪二维码图片

图6-42　插入福利信息

（7）分别将鼠标指针定位到"新粉""不定时""直播""大家"前，按【Enter】键另起一行，并删除句末的"、"，如图6-43所示。

（8）选中"扫描下方二维码，加入官方福利粉丝群，可享受以下福利："文字，在上方的工具栏中单击字号旁的·按钮，在打开的下拉列表中选择"20px"选项，如图6-44所示。

（9）保持选中文字的状态，单击"加粗"按钮 B，如图6-45所示。

（10）选中"官方福利粉丝群"文字，单击"字体颜色"下拉按钮 A·，在打开的下拉列表中设置颜色"#f00"，单击"确认"按钮如图6-46所示。

（11）选中"新粉入群抽奖福利　不定时群内抽奖福利　直播预告提前剧透　大家一起聊天分享"文字，在上方的工具栏中单击"行间距"按钮 ≣·，在打开的下拉列表中选择"2"选项，如图6-47所示。

（12）保持选中文字的状态，设置文字颜色为"#f4c00"，如图6-48所示，完成后群发消息。

图6-43 调整文字位置

图6-44 设置字号

图6-45 加粗字体

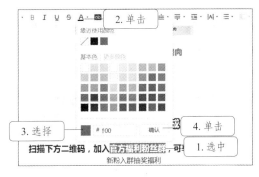

图6-46 设置字体颜色

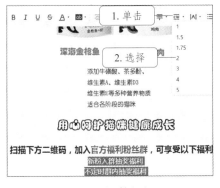

图6-47 调整行间距

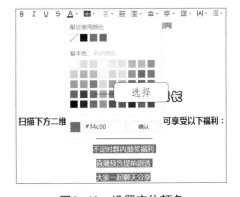

图6-48 设置字体颜色

第二步 在微信群中推广网店

在运营微信群时，小艾主要从消息推送、福利推送、售后服务3个方面入手。

在消息推送方面，小艾会及时地在微信群中推送商品上新、直播预告等消息。

在福利推送方面，小艾除了推送商品的折扣、优惠信息外，还会不定时地举行抽奖活动，奖品有时为现金红包，有时为网店中的商品小样。同时，小艾还鼓励用户每天打卡，并在每个月月初给予上个月连续打卡的用户奖励。

在售后服务方面，一方面，小艾积极收集用户在微信群中反馈的售后问题，并及时予以解决；另一方面，小艾在和用户交流分享的过程中，鼓励用户积极提出意见和建议，以更好地了解用户的消费需求。

🎁 动手做

利用福利信息邀请用户加入微信群

活动信息：某服装淘宝店将在明天00:00开展全店折扣活动，任何消费者进店购买可享受两件8.8折、3件6折的优惠。请根据该活动信息在微信公众号中编写图文消息，并在末尾附上微信群二维码，在今天13:30发布该消息，邀请用户加入微信群。

任务二 使用微博推广

任务描述

小艾发现微博与微信不同，微博是一个公开的社交平台，通过微博可以达到实时发布消息和与用户互动的目的，很多网店选择将微博作为推广平台。为此，小艾首先需要为网店开通微博账号，然后使用该账号发布微博推广内容，并做好微博账号运营。

任务实施

👤 活动1 开通微博账号

小艾在注册微博账号时，使用浏览器搜索微博账号注册官网，并为网店注册了企业官方微博账号，具体操作如下。

（1）在浏览器中搜索"微博账号注册入口"，在显示的结果页中单击"注册官方微博"超链接，如图6-49所示。

（2）打开微博官方注册页面，输入企业邮箱、密码、官方注册微博名，选择网店所在地，并输入验证码，单击 <u>立即注册</u> 按钮，如图6-50所示。

（3）打开手机验证提示框，输入手机号码，并单击 <u>免费获取短信激活码</u> 按钮，如图6-51所示，输入激活码后单击 <u>下一步</u> 按钮，根据提示完成注册。

图6-49　单击"注册官方微博"超链接　　　　图6-50　设置注册信息

图6-51　短信验证

👨‍🏫 **专家点拨**

为了更好地吸引微博用户去网店购买商品，商家在注册微博账号时可以将账号名称设置为网店或品牌名称，并将微博的个性域名设置为网店或品牌的拼音全拼。

👤 活动2　发布微博推广内容

在利用微博引流的各种方式中，发布微博推广内容效果较好，且具有长期价值。相较于微信公众号推广内容而言，微博推广内容更加碎片化。为了确保发布的内容能够吸引用户并为网店引流，小艾首先确定了发布内容，然后登录微博App发布微博推广内容，具体步骤如下。

第一步 确定发布内容

小艾发现，很多网店的微博账号会发布店内优惠、商品上新等信息，同时也会不定时发布有奖互动活动，因此，小艾也决定在微博账号中发布这些信息。同时，为了让更多的人看到发布的内容，小艾决定带上与宠物相关的话题。

第二步 发布微博推广内容

网店此时正在开展店庆促销活动，小艾准备发布店庆"全店商品1件9折、两件8折、3件7折"的优惠信息，然后带上"萌宠"话题，具体操作如下。

（1）打开微博App，登录微博账号，在首页点击右上角的⊕按钮，在展开的列表中选择"写微博"选项，如图6-52所示。

图6-52 选择"写微博"选项

（2）打开发微博的界面，在"分享新鲜事…"处输入店内促销活动信息"店庆福利大放送，猫砂、猫条、羊奶等，所有商品一件9折、两件8折、3件7折，买得多，送得多，快去给猫送温暖吧！"，如图6-53所示。

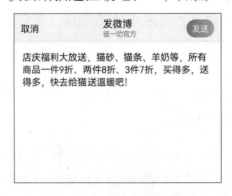

图6-53 输入活动信息

（3）点击右下角的"话题"按钮#，打开话题界面，点击"萌宠"选项卡，选择"萌宠"话题，如图6-54所示。

（4）点击"图片"按钮，添加图片，点击 发送 按钮，如图6-55所示，完成发布。

图6-54 选择"萌宠"话题

图 6-55 添加图片

 知识窗

在微博推广中，常见的内容类型有以下几种。

（1）店内优惠或上新信息。发布这类微博推广内容的目的是传达网店促销、商品上新信息，通过商品本身以及促销活动来吸引用户，从而为网店引流。编写时，商家只需要将店内商品详情页使用的文案加以筛选提炼，再配以高品质的商品图片，最后附上店铺地址或商品链接，如图 6-56 所示。

（2）有奖互动。为了拉近与微博用户的距离，一些网店会经常在评论区中与用户展开互动，除了时常回复用户评论、转发用户留言外，还会发起话题讨论或投票，以增强品牌的影响力。通常，这些话题讨论或投票活动有一定的奖励，如图 6-57 所示。

（3）买家秀。优质的买家秀拥有强大的说服力，一些网店也会时常在微博上发布效果好的买家秀图片或视频，达到推广商品的目的。为了使买家秀更具有说服力，网店还会发动购买过本店商品的用户发布买家秀微博，然后使用自己的官方微博账号转发或重新编辑发布，如图 6-58 所示。当店铺积累了一定数量的买家后，还可以在微博发布名为"××店买家秀"的话题，为店铺和商品带来更多流量。

图6-56　店内优惠和商品上新信息

图6-57　有奖互动图

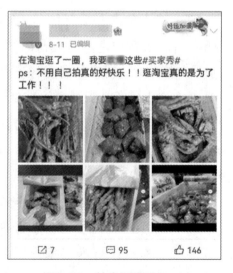

图6-58　转发买家秀

（4）知识分享。除此之外，一些网店也会在微博上分享一些实用性较强、贴近生活的知识和技巧，这些知识和技巧通常与网店的商品有关，且简单明了，如图6-59所示。

图6-59 知识分享

👤 **专家点拨**

商家还可以在微博开通微博小店，在发布微博推广内容时添加商品，这样用户在浏览内容时可以直接点击该商品跳转到网店购买。具体操作方法：在"我"界面中选择"创作中心"选项，打开"创作者中心"界面，在其中选择"小店"选项，完成人脸识别，开通微博小店，在"发微博"界面点击右下角的⊕按钮，添加商品。

👤 活动3 运营微博

尽管开通了微博，且发布了推广内容，但小艾发现关注微博账号的用户数量远低于预期，网店的推广效果也不好。经过调查研究，小艾发现了微博运营存在问题，小艾将出现的问题及相应的解决方法罗列在表6-2中，改善运营后的微博账号的关注量果然增加了不少。

表6-2 微博运营出现的问题和解决方法

	问题	解决方法
运营目的	未明确	明确为"吸引目标群体关注，为网店引流；推广品牌，增强品牌影响力"
如何建立用户认知	未明确，发布的内容混杂	明确为"发布实用性、专业性的内容"
发布频率	不固定	固定内容发布频率，互动内容晚上发
内容推广	很少参与宠物相关话题的讨论、开展有奖互动活动	参与微博热门话题讨论、开展有奖互动活动、发布超话、与微博"达人"合作、开通微博小店并在发布内容时增添商品链接

任务三 使用抖音推广

任务描述

老李告诉小艾，抖音是一个发展迅速的短视频平台，也可以用来推广网店。小艾发现，短视频的吸引力比图片或文字的吸引力要大得多。于是，小艾决定为网店注册抖音账号，并制作与宠物食品/用品相关的短视频，然后进行推广。

任务实施

👤 活动1 注册抖音账号

小艾决定直接通过抖音官网注册抖音账号，具体操作方法：在浏览器中搜索"抖音"，在结果页中选择抖音官网打开，在抖音官网首页右上角单击 登录 按钮，如图6-60所示；然后输入手机号码和验证码，如图6-61所示，单击 登录 按钮完成注册和登录。

图6-60 单击"登录"按钮

图6-61 验证码登录

> 😀 **专家点拨**
>
> 在手机上下载抖音App后，在抖音App中也可以完成注册，注册流程一样。

👤 活动2 制作抖音短视频

完成抖音的注册后，老李带着小艾使用手机拍摄猫咪吃猫粮的视频，拍摄好视频之后，老李让小艾将拍摄的视频剪辑成短视频，并发布到抖音。小艾打算使用剪映App来剪辑视频，并为视频添加音乐、滤镜和特效，具体操作如下。

（1）在剪映App的首页点击"开始创作"按钮+，选择"猫粮（1）.mp4""猫粮（2）.mp4"视频［配套资源:\素材文件\项目六\猫粮（1）.mp4、猫粮（2）.mp4］，选中"高清画质"单选项，点击"添加"按钮，如图6-62所示。

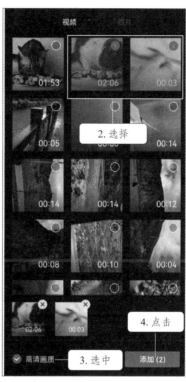

图6-62　添加视频

（2）打开视频编辑界面，在视频编辑界面中拖动时间线定位到需要剪辑的位置，选择"剪辑"选项，向右拖动第1个视频和第2个视频的分割处，剪切掉不需要的视频片段，如图6-63所示。

（3）滑动视频，返回视频编辑界面。拖动时间线至片尾，选择"剪辑"选项，打开剪辑界面，向左拖动片尾视频分割处，如图6-64所示。点击"返回"图标，返回视频编辑界面。

（4）点击两个视频的分割处，进入添加转场界面，选择"叠化"选项，点击完成图标，如图6-65所示。

（5）选择"剪辑"选项，进入视频剪辑界面。选择"动画"选项，进入动画添加界面。选择"入场动画"选项，拖动时间线到第1帧画面，选择入场动画为"渐显"，点击完成图标，如图6-66所示。

（6）返回视频编辑界面，选择"关闭原声"选项，关闭视频的原始声音。

图6-63　剪辑视频　　　　　　　　　　　　　图6-64　剪辑视频

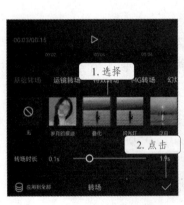

图6-65　添加叠化转场　　　　　　　图6-66　添加"渐显"入场动画

（7）选择"音频"选项，再选择"音乐"选项，如图6-67所示，进入"添加音乐"界面。选择一个合适的音乐，点击该音乐后的 使用 按钮，将该音乐添加到视频中，如图6-68所示。

图6-67　选择"音乐"选项

图6-68　点击"使用"按钮

（8）返回音频添加界面，按住音频轨道不放并拖动，将音频的结束时间调整为与视频的结束时间一致，如图6-69所示。

（9）依次点击两次左下角的返回图标，返回视频编辑界面。选择第2段视频。在下方选择"滤镜"选项，进入滤镜添加页面，在其中选择"高清"滤镜组中的"自然"滤镜，如图6-70所示。

图6-69　调整音频结束时间

图6-70　选择"自然"滤镜

（10）点击右下角的完成图标，再点击左下角的返回图标，返回视频编辑界面。在页面下方选择"特效"选项，选择"画面特效"选项，进入特效添加界面，选择"基础"特效组中的"变清晰"特效，如图6-71所示。

（11）剪辑后的效果如图6-72所示，点击右上角的"导出"按钮，完成短视频的制作（配套资源:\效果文件\项目六\猫粮视频.mp4）。在"分享视频到"栏下选择"抖音"选项，将短视频发布到抖音，如图6-73所示。

图6-71　添加画面特效　　　图6-72　剪辑后的效果　　　图6-73　发布到抖音

活动3　推广抖音短视频

考虑到网店新创建的抖音账号影响力不足，小艾想要通过其他途径来进一步推广发布的抖音短视频，具体步骤如下。

第一步 选择合适的推广途径

老李告诉小艾，抖音中常见的推广短视频的方式有抖音矩阵推广、投放DOU+等，各有利弊。由于抖音矩阵推广需要同时运营多个账号，会花费大量的人力、精力、时间，因此，老李建议小艾选择投放DOU+进行推广。

第二步 投放DOU+

小艾在抖音App登录了网店的抖音账号，并为发布的抖音短视频投放DOU+，设置智能推荐人数为5000+，具体操作如下。

（1）在首页底部选择"我"选项，打开个人中心，点击右上角的"菜单"按钮■，如图6-74所示。

（2）在打开的菜单栏中选择"创作者服务中心"选项，如图6-75所示。

图6-74　点击"菜单"按钮　　　图6-75　选择"创作者服务中心"选项

（3）在打开的界面中选择"上热门"选项，如图6-76所示。

（4）打开"DOU+ 上热门"界面，选择猫吃猫粮的短视频，点击 上热门 按钮，如图6-77所示。

图6-76　选择"上热门"选项

图6-77　点击"上热门"按钮

（5）打开DOU+速推版界面，设置智能推荐人数为"5000+"，提升项为"粉丝量"，点击 支付 按钮，如图6-78所示。

图6-78　设置投放人数和提升项

（6）打开"收银台"界面，选择支付方式，完成支付后系统将自动推广该短视频。

知识窗

除了主动推广外，如果短视频内容做得好，引起众多用户的关注，也有机会被推荐上热门。这些做得好的短视频存在一定的共性，如体现生活和人性、贴近社会热点、敢于表达自己的态度、打造了符合人设的流行语等。在制作短视频时，商家可以从这些方面增强短视频的吸引力，发动他人自动推广。

同时，作为淘宝商家而言，除了推广自己制作的短视频外，还可以在巨量星图上寻找"达人"（精通某一领域的人）推广网店中的商品。巨量星图是抖音提供的营销服务平台，汇聚了众多"达人"，商家可以在此寻找符合条件的"达人"进行推广。在抖音搜索"巨量星图"，点击"巨量星图"官方小程序，进入"选择您的身份"界面，点击"我是客户"超链接，授权登录，填写"账号昵称""联系人姓名"等基本信息，选中"我已仔细阅读并同意《星图协议》"单选项，点击 按钮，即可进入该平台发布推广任务。

知识窗

动手做

投放 DOU+

请同学们在抖音上发布网店宣传短视频，并为短视频投放DOU+，要求自定义推荐人数、提升项为"点赞评论量"。

项目总结

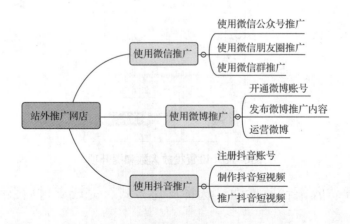

项目七

订单处理及发货

情境创设

在老李的帮助下，小艾处理网店运营工作越来越熟练，正好网店的订单越来越多，于是，老李觉得小艾可以参与网店的其他工作。老李告诉小艾，他准备让小艾帮助处理订单、接待客户，以及打包商品并发货。

学习目标

✎ 知识目标

1. 了解处理订单的操作方法。
2. 了解使用千牛接待中心接待客户的操作。
3. 了解打包商品和发货的相关知识。

✎ 技能目标

1. 能够根据客户的需求灵活处理订单。
2. 能够独立开通阿里店小蜜。
3. 能够独立完成发货操作。

✎ 素养目标

1. 培养爱岗敬业、诚信友善、克己奉公的职业道德精神。
2. 紧跟时代发展潮流，培养创新意识和创新思维方式。

任务一　处理订单

任务描述

老李将3名要求不同的客户分配给小艾，其中一名客户想要修改订单收货地址，另一名客户想要修改订单价格，还有一名客户想要添加备注信息。小艾通过查询订单，然后根据客户的要求完成了相关操作。

任务实施

活动1　修改订单收货地址

小艾接到客户想要修改订单收货地址的请求，利用订单编号查找到了这个订单，发现该订单未发货，可以修改收货地址，于是在订单收货详情页将订单收货地址修改为客户提供的新地址，具体操作如下。

（1）进入千牛卖家中心，将鼠标指针移动到"交易管理"的展开按钮 ≫ 上，在展开的面板中单击"已卖出的宝贝"超链接，如图7-1所示。

（2）单击"已卖出的宝贝"打开页面，在"订单编号"数值框中输入客户提供的订单编号，单击 搜索订单 按钮，如图7-2所示。

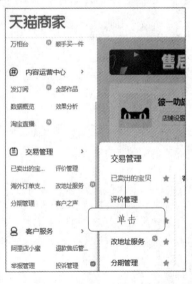

图7-1　单击"已卖出的宝贝"超链接　　图7-2　输入订单编号

（3）订单显示在"近三个月订单"选项卡中，单击 详情 超链接，如图7-3所示。

（4）打开交易详情页面，单击 修改收货地址 按钮，如图7-4所示。

图7-3 单击"详情"超链接　　　　图7-4 单击"修改收货地址"按钮

（5）打开"修改收货地址"对话框，设置新地址的所在地区、邮政编码和街道地址，完成后单击 确定 按钮，如图7-5所示。

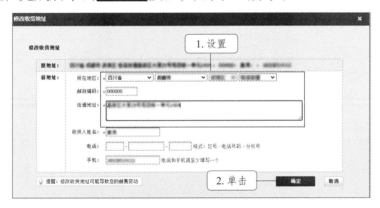

图7-5 修改收货地址

专家点拨

查询订单通常涉及两种情况，一是客户需要修改订单收货地址，二是客户需要为订单添加备注。查询订单的方法很多，可以通过商品名称、客户昵称、订单编号等条件进行查询，其中，利用订单编号查询订单是较为常用的方法。

活动2 修改订单价格

修改订单价格只针对交易状态为"等待买家付款"的订单，客户已提交订单但取消支付时，订单的状态就会变成"等待买家付款"。小艾了解到，有客户反映需要支付10元的邮费，与网店承诺的包邮不一致。小艾收到客户的请求后，进入"交易管理"页面，在"等待买家付款"选项卡中找到该客户的订单，将邮费修改为"0.00"元，具体操作如下。

（1）单击"已卖出的宝贝"打开页面，单击"等待买家付款"选项卡，通过订单号查找到相应订单，单击"修改价格"超链接，如图7-6所示。

图7-6　单击"修改价格"超链接

（2）打开修改价格对话框，在邮费数值框中输入"0.00"，单击 确定 按钮完成修改，如图7-7所示。

图7-7　修改邮费

专家点拨

这里只能修改邮费。如果客户已经支付，可以让客户申请"仅退款"，将客户多支付的金额退还给客户。如果客户集体反映订单价格不对，可以在出售中的商品页面编辑该商品的信息，重新修改价格。

活动3　添加备注信息

提出添加备注信息的客户表示，在观看直播的时候，主播表示备注"直播间下单"有小礼物相送，但是自己在支付时忘记备注了，因此，希望小艾能够帮忙添加备注信息。收到客户的请求后，小艾通过查询订单找到了这名客户的订单，将其设置为紫色标记，并添加了备注信息，具体操作如下。

（1）单击"已卖出的宝贝"打开页面，输入订单编号搜索客户订单。

（2）单击客户对应列表中右上角的"标记"按钮▶，如图7-8所示。

图7-8 单击"标记"按钮

（3）在"标记"栏后选中紫色旗帜，在"标记信息"文本框中输入"直播间下单"，单击 **确定** 按钮，如图7-9所示。

图7-9 添加备注信息

任务二 客户服务

任务描述

随着客户的增多，老李安排小艾参与客户服务。老李告诉小艾，客户发送的消息一般会在千牛接待中心显示，小艾需要在千牛接待中心回复客户。为了进一步提升客户服务质量，老李让小艾在千牛接待中心设置欢迎语和消息提醒，并设置客服分流，同时，可使用阿里店小蜜协助服务。

任务实施

活动1　操作千牛接待中心

小艾首先使用网店的淘宝账号登录了千牛工作台，然后分别在接待中心中设置了欢迎语和消息提醒，具体步骤如下。

第一步 设置欢迎语

小艾进入千牛接待中心，设置欢迎语为"千百次的擦肩而过才换来今生相遇，相遇即是缘分，欢迎光临彼一叻旗舰店，请问有什么可以帮您的吗？"并设置发货关联问题，具体操作如下。

（1）登录千牛工作台，单击"接待中心"图标，打开接待中心。单击界面左下角的"更多"按钮，在打开的下拉列表中选择"系统设置"选项，如图7-10所示。

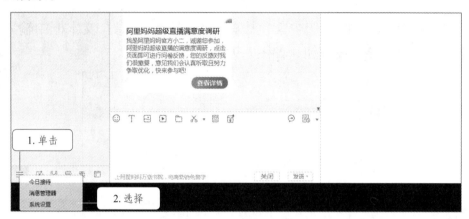

图7-10 选择"系统设置"选项

（2）打开"系统设置"对话框，单击"接待设置"选项卡，在左侧菜单栏中选择"自动回复"选项，在"自动回复"栏中单击 自动回复 按钮，如图7-11所示。

（3）打开"欢迎语"页面，单击"启用/关闭"按钮，启用欢迎语功能，如图7-12所示。

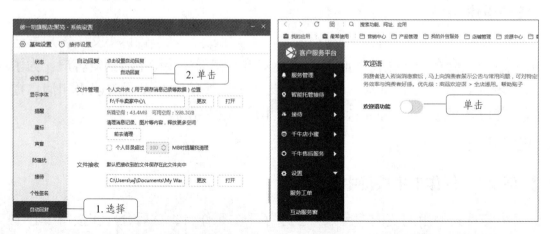

图7-11 单击"自动回复"按钮　　图7-12 单击"启用/关闭"按钮

（4）在"欢迎语模板设置"栏下的"全店通用"列表中，单击"售前通用（有客服在线）"对应的"编辑"按钮 ✎，如图7-13所示。

图7-13　单击"编辑"按钮

（5）在打开的页面中，选中"启用"单选项，在"欢迎话术"文本框中输入"千百次的擦肩而过才换来今生相遇，相遇即是缘分，欢迎光临彼一叻旗舰店，请问有什么可以帮您的吗？"，如图7-14所示。

（6）单击"关联问题"右侧对应的 +添加 按钮，打开"选择关联问题"对话框，单击"添加、编辑问题"超链接，如图7-15所示。

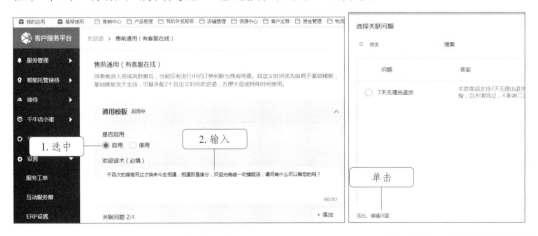

图7-14　启用并输入欢迎语　　　　图7-15　单击"添加、编辑问题"超链接

（7）打开管理问题库页面，单击 +新增问题 按钮，打开"新增问题"对话框，在"问题"文本框中输入"发货"，在"答案"文本框中输入"一般情况当天16点前购买的商品基本上是能够发货的，16点之后购买的通常是次日发货，最

迟会在24~48小时内给您发出。"，单击 <u>保存</u> 按钮，如图7-16所示。

（8）返回"选择关联问题"对话框，单击"刷新"超链接，选中"发货"复选框，单击 <u>确认添加(1/4)</u> 按钮，如图7-17所示。单击 <u>保存</u> 按钮，完成欢迎语的设置。

图7-16　保存新增问题　　　　　图7-17　单击"确认添加"按钮

第二步　设置消息提醒

为了能够及时接收客户的消息，小艾将首次会话的消息提醒设置为任务栏提醒，其余消息提醒设置为浮出提醒，具体操作如下。

（1）打开"系统设置"对话框，单击"接待设置"选项卡，在左侧的菜单栏中选择"提醒"选项。在"首次单聊会话消息提醒"栏下选中"任务栏提醒"单选项；在"首次群会话消息提醒"栏下选中"任务栏提醒"单选项，如图7-18所示。

（2）在"其他提醒"栏下，选中"收到即时会话消息时浮出提醒"复选框，在"群发消息"栏下选中"只接受好友群发消息"单选项，如图7-19所示。

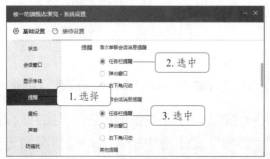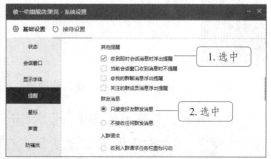

图7-18　设置首次单聊会话消息提醒　　　　　图7-19　设置其他提醒和群发消息

活动2 设置客服分流

为了让客户更好地咨询对应的问题，小艾对客服账号进行了分流设置，建立了两个角色：麦兜和萌萌。小艾首先在子账号设置页面为这两个角色建立客服子账号，然后在旺旺分流插件中为这两个客服子账号设置分流，具体步骤如下。

第一步 新建客服子账号

为了方便管理，小艾让麦兜负责售前工作，让萌萌负责售后工作。小艾通过千牛卖家中心进入子账号管理页面，将麦兜和萌萌的子账号分别设置为售前客服和售后客服，具体操作如下。

（1）进入千牛卖家中心，将鼠标移动到左侧菜单栏中的"店铺管理"的展开按钮 ❯ 上，在展开的"店铺管理"面板中单击"子账号个人信息管理"超链接，如图7-20所示。

（2）打开子账号首页，选择"新建员工"选项，如图7-21所示。

图7-20 单击"子账号个人信息管理"超链接

图7-21 选择"新建员工"选项

（3）单击"选择岗位"右侧的下拉按钮 ▾，在打开的下拉列表中选择"客服"选项，如图7-22所示。

（4）在"账号名"文本框中输入"彼一叻旗舰店:麦兜"，设置密码，如图7-23所示。

图7-22 选择"客服"选项

图7-23 输入账号名并设置密码

（5）单击"部门"右侧的下拉按钮▼，在打开的下拉列表框中选择"售前客服"选项，如图7-24所示，然后输入手机号码完成验证。

图7-24 选择"售前客服"选项

（6）单击页面右上角的 创建并继续添加 按钮，使用相同的方法将萌萌设置为售后客服。

第二步 设置客服分流

小艾通过新增客服分组，依次将麦兜和萌萌划分为售前和售后组，并让两人负责不同订单状态的客户，具体操作如下。

（1）返回子账号首页，选择"分流设置"选项，如图7-25所示。

（2）打开客服分流管理页面，单击 新增分组 按钮，在"分组名称"文本框中输入"售前"，单击"修改"超链接，如图7-26所示。

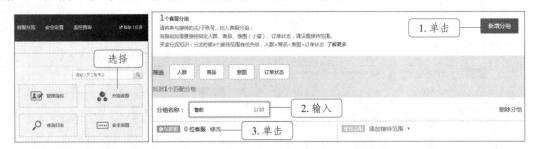

图7-25 选择"分流设置"选项　　　　　图7-26 新增分组

（3）打开客服分组设置页面，单击 添加客服 按钮，如图7-27所示。

（4）打开"添加客服"对话框，选中"tb483345429831:麦兜"复选框，如图7-28所示，单击 确认 按钮。

图7-27 单击"添加客服"按钮　　　　图7-28 添加客服

（5）返回客服分流管理页面，单击"添加接待范围"右侧的下拉按钮▾，在打开的下拉列表中选择"接待指定订单状态"选项，如图7-29所示。

（6）打开"指定订单状态"对话框，选中"售前"复选框，单击 确定 按钮，如图7-30所示。

（7）使用相同的方法新增分组，添加客服萌萌，并将萌萌的指定订单状态设置为"售后"。

图7-29 选择"接待指定订单状态"选项　　　图7-30 指定订单状态

 知识窗

在网店运营中，客服非常重要，小规模的店铺通常没有细分客服岗位，一名客服身兼数职。但对于大中型店铺而言，如果没有系统地分配客服工作，很容易出现丢单、误单等情况。因此，有条件的店铺会将网店客服划分为售前客服和售后客服。

售前客服一般负责接待售前咨询的客户，解答客户疑惑。售后客服一般负责打包发货、跟踪物流信息、打印物流单、回访客户、解决交易纠纷等。

 知识窗

👤 活动3　使用阿里店小蜜

小艾发现，即使设置了客服分流，客服的工作仍然繁重，有时候不能及时回复客户，因此，小艾决定使用智能客服——阿里店小蜜，让阿里店小蜜帮助回复一些简单问题。小艾通过千牛卖家中心进入阿里店小蜜设置页面，并为阿里店小蜜配置了网店高频问题，具体操作如下。

（1）进入千牛卖家中心，在左侧的菜单栏中单击"客户服务"栏下的"阿里店小蜜"超链接。

（2）打开阿里店小蜜首页，阅读店小蜜使用授权协议，阅读完毕后单击"同意协议，即刻开启"按钮。在打开的页面中单击 解锁机器人来解决您店铺的问题> 按钮，如图7-31所示。

图7-31　单击"解锁机器人来解决您店铺的问题>"按钮

（3）在打开的页面中单击"用户协议"超链接，查看解锁机器人的协议。查看完毕后选中"我已阅读并同意以上协议"复选框，并单击 确认 按钮，如图7-32所示。

图7-32　阅读并同意协议

（4）在打开的页面中默认选择所有选项，单击 一键开启 按钮，如图7-33所示。

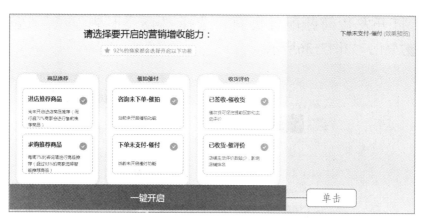

图7-33　单击"一键开启"按钮

（5）打开发货问题配置页面，选择"16:00前下单当日发货"选项，单击 确认，下一个问题 按钮，如图7-34所示。

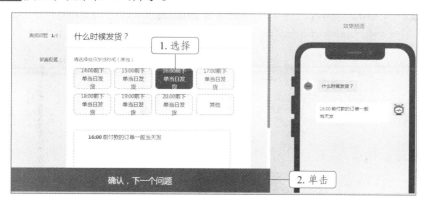

图7-34　单击"确认，下一个问题"按钮

（6）打开快递问题配置页面，选择"中通"选项，然后单击 确认，下一个问题 按钮，如图7-35所示。

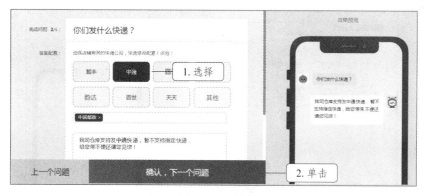

图7-35　配置快递问题

（7）打开发货问题配置页面，选择"48小时内发货"选项，单击确认,下一个问题按钮，如图7-36所示。

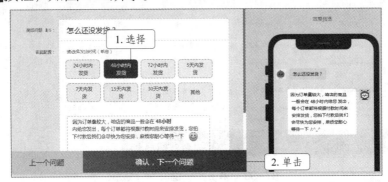

图7-36　配置发货问题

（8）打开咨询问题配置页面，在"答案配置"文本框中输入"在的呢，请问有什么可以帮到您的？"，单击确认,下一个问题按钮，如图7-37所示。

图7-37　配置咨询问题

（9）打开商品链接问题配置页面，使用系统默认配置答案，单击确认,下一个问题按钮，如图7-38所示。

图7-38　商品链接问题配置

（10）打开图片配置页面，使用系统默认配置答案，单击 `确认，下一步` 按钮，如图7-39所示。

图7-39 配置图片问题

（11）成功开通阿里店小蜜，单击 `去工作台看看` 按钮，如图7-40所示，使用店小蜜。

图7-40 单击"去工作台看看"按钮

任务三 打包发货

任务描述

老李告诉小艾，商品包装和发货会影响客户对网店的印象。为了在客户心中树立良好的网店形象，老李要求小艾更换打包商品的材料，确定新的打包方式，并及时发货。

任务实施

👤 活动1 打包商品

小艾研究原有的商品包装之后发现，商品原有的打包材料为塑料快递袋，打包时直接将商品放入塑料快递袋中，过于简陋。为了提升商品质感、加深品牌在消费者心中的印象，小艾确定了两种商品包装。

针对猫条等不易碎的商品，小艾采用比常规塑料快递袋更厚实一点的塑料快递袋作为商品的外包装，并在快递袋表面印上品牌Logo。

针对猫罐头等容易受外力挤压变形的商品，以及单猫礼包这类包含多件商品的混装商品，小艾采用较厚实的纸箱作为外包装，并在纸箱表面印上品牌Logo，如图7-41所示。并采用图7-42所示的快递空气柱作为商品的中层包装，以防磕碰。

图7-41　包装纸箱

图7-42　快递空气柱

 知识窗

商品包装是在物流运输过程中对商品的一种保护，不同类型的商品的包装要求不一样。

商品包装反映着商品的综合品质，一般分为内包装、中层包装、外包装3种。内包装是指直接包装商品的包装材料，如包裹猫砂的袋子，主要有OPP自封袋、PE自封袋和热收缩膜等。中层包装通常指商品与外包装盒之间的填充材料，主要有气泡膜、海绵、珍珠棉、快递空气柱等。外包装是指商品最外层的包装，主要有包装袋、复合气泡袋、包装纸箱等。

 **知识窗**

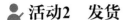

活动2 发货

小艾进入千牛卖家中心后，在"等待发货"选项卡中查看了等待发货的订单，确认信息无误后，选择设置的服务商——中通快递发货，具体操作如下。

（1）进入千牛卖家中心，在左侧的菜单栏中单击"已卖出的宝贝"超链接。

（2）在打开的页面中，单击"等待发货"选项卡，单击订单对应的 <kbd>发货</kbd> 按钮，如图7-43所示。

图7-43 单击"发货"按钮

（3）打开发货页面，依次确认收货信息及交易详情、发货/退货信息，如图7-44所示。

图7-44 确认发货信息

（4）在打开的"在线下单"选项卡中单击"其他物流公司"左侧的展开按钮∨，如图7-45所示。

图7-45 单击展开按钮

（5）在展开的列表中单击中通快递对应的 选择 按钮，如图7-46所示，完成发货。

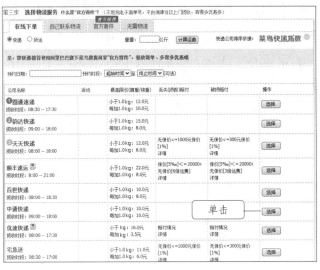

图7-46 单击"选择"按钮

动手做

批量发货

很多时候，需要发货的商品较多，单独发货较为麻烦，这时候可以使用批量发货。具体操作方法：在"等待发货"选项卡中，单击 批量发货 按钮，选择两个及以上商品，选择服务商为中通快递，完成发货。

项目总结

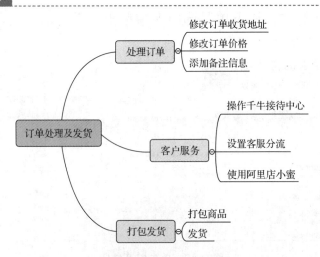

项目八

分析运营数据并管理网店运营团队

情境创设

　　在老李和小艾的精心运营下，网店的生意蒸蒸日上。老李准备让小艾进一步参与网店运营，于是将分析网店运营数据和管理网店运营团队的工作交给小艾。老李告诉小艾，网店运营的很多问题都可以通过分析数据找到答案，要想做好网店运营就要学会分析网店运营数据。

学习目标

知识目标
1. 了解生意参谋的作用。
2. 了解网店运营团队的组成。

技能目标
1. 能够使用生意参谋分析网店运营数据。
2. 能够有效管理网店运营团队。

素养目标
1. 培养严谨负责的职业精神。
2. 提高数据敏感度，培养切实、客观、科学分析网店数据的能力。

任务一　使用生意参谋分析网店运营数据

任务描述

老李告诉小艾，网店运营中经常需要使用生意参谋来分析网店运营数据，从而调整运营方式。小艾需要了解网店的核心数据指标，并使用生意参谋分析网店的实时数据、流量、品类数据和交易数据。

任务实施

👤 活动1　了解网店核心数据指标

小艾了解到，网店运营的核心数据指标通常有访客数、浏览量、收藏/加购率、跳失率和转化率。为了进一步了解这些核心数据指标的含义及作用，小艾收集了这些数据的相关资料，并整理成表8-1所示的内容。同时，小艾在使用生意参谋分析网店运营情况时，着重关注了这些核心数据指标。

表8-1　网店运营的核心数据指标

数据指标	含义	作用
访客数	一天内访问网店的消费者数量，同一消费者在一天内多次访问网店只记录一次	真实反映网店的人气
浏览量	网店某一页面被消费者浏览的次数，同一消费者多次浏览，每次浏览都会被记录	衡量消费者的关注度
收藏/加购率	消费者收藏商品或将商品加入购物车的人数与所有访客数的比率	不仅可以反映消费者选购商品的动向，还可以从侧面体现出商品受欢迎的程度
	收藏/加购率=收藏/加购人数÷所有访客数	
跳失率	网站页面展开后，消费者仅浏览了该页面就离开网店的比率	反映网店目标人群的定位是否准确、页面内容是否有吸引力等
	跳失率=只浏览一个页面就离开的访客数÷所有访客数	
转化率	在网店产生购买行为的访客数与所有访客数的比率	能直接反映推广效果
	转化率=产生购买行为的访客数÷所有访客数	

👤 活动2　分析实时数据

小艾通过千牛卖家中心进入生意参谋，在首页和实时直播页面查看网店的实时运营数据，并进行分析，具体步骤如下。

第一步　查看实时数据

小艾在生意参谋首页的实时概况面板中查看了今日和昨日的运营数据，为了进一步了解这些数据的变化，小艾进入了实时直播页面，具体操作如下。

（1）进入千牛卖家中心，在左侧的菜单栏中单击"营销中心"栏下的"生意参谋"超链接，如图8-1所示。

（2）打开生意参谋首页，在实时概况面板中查看今日网店运营数据，如图8-2所示。

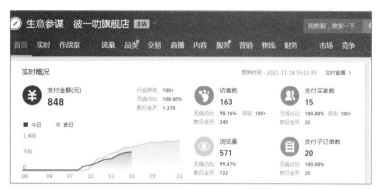

图8-1 单击"生意参谋"超链接 图8-2 查看今日网店运营数据

（3）选择页面顶部的"实时"选项，在打开的"实时趋势"选项卡中查看不同时段的实时趋势，如图8-3所示。

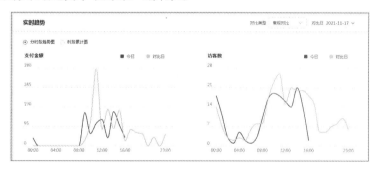

图8-3 查看实时趋势

第二步 **分析实时数据**

小艾在查看实时概况时发现，网店今日的访客数、浏览量等数据都低于昨日（见图8-2），为了进一步了解产生该变化的原因，小艾将这些数据都记录了下来。同时，小艾在查看实时趋势时发现，8:00—16:00访客数较多，因此，她决定以后在这一时间段内加强推广。

👤 活动3 分析网店流量

对于网店运营而言，如何引流和引流效果的好坏非常重要。为了分析网店流量，了解引流策略是否有效，小艾在生意参谋中查看并分析了网店总体流量、网店流量来源以及同行流量来源，具体步骤如下。

第一步 查看并分析网店总体流量

小艾在"流量看板"选项卡中查看了网店总体流量情况，如图8-4所示，发现访客数和浏览量均在下降，同时新访客数和老访客数也都在下降，小艾觉得可以进一步采取措施激活忠实客户并获取新的客户。

图8-4 查看网店总体流量情况

同时，小艾发现店铺页访客数大幅上升，说明店铺页的引流效果较好，不用再优化。

第二步 查看并分析网店流量来源

为了进一步了解网店流量来源，小艾在"店铺来源"选项卡中查看了网店流量来源构成。小艾发现，网店的流量主要由淘内免费流量（见图8-5）、付费流量和自主访问流量构成。其中，淘内免费流量主要源于手淘推荐和手淘搜索，付费流量主要源于直通车。

图8-5 网店流量来源构成

第三步 **查看并分析同行流量来源**

　　为了优化网店的引流策略，小艾查看了同行的流量来源，如图8-6所示。小艾发现，同行的流量主要为付费流量，其中，聚划算和超级短视频是其两个主要的付费流量来源，但是几乎没有站外流量。因此，小艾认为本网店也可以利用好聚划算和超级短视频两个流量渠道，并适当加强对站外流量的引入。

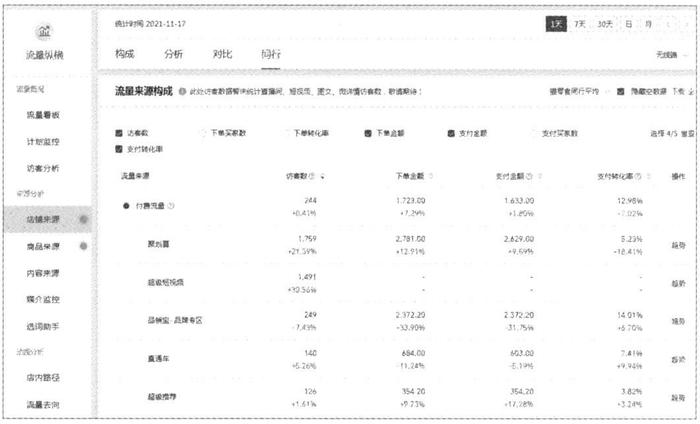

图8-6　同行流量来源构成

👤 活动4　分析品类数据

　　同时，小艾利用生意参谋提供的品类罗盘工具分析了商品相关数据，如商品排行，并进行了商品诊断，具体步骤如下。

第一步 **查看并分析商品排行**

　　小艾在生意参谋中打开"商品排行"选项卡，发现数据较好的排在前列的商品为猫条、猫罐头和猫砂，其中猫条的支付转化率和商品加购件数明显高于其他商品，如图8-7所示。

图8-7　商品排行

第二步 使用商品360诊断商品问题

小艾使用生意参谋的商品360功能依次对这3个商品进行了诊断，分别查看了其在单品诊断、销售分析、流量来源、标题优化、内容分析等方面的数据，以寻找商品优化途径。图8-8所示为猫条的360诊断页面。

图8-8 猫条的360诊断页面

根据商品360诊断的相关数据，小艾决定对猫罐头和猫砂的主图和标题进行优化，并调整拉新策略。

思政小课堂

数据是网店的"生命线"，在分析网店的各项数据时一定要秉持严谨、负责的态度，敏锐感知各项数据，建立清晰有序的逻辑思维，并切实、客观、科学地分析网店运营存在的实际问题。

活动5 分析交易数据

为了进一步了解网店的交易详情，小艾利用生意参谋中的交易分析工具查看并分析了网店的交易数据，具体步骤如下。

第一步 查看并分析交易概况

小艾首先在"交易概况"选项卡中查看了今日的转化率，发现转化率较高。同时，小艾还在"交易概况"选项卡中查看了近1个月与同行对比的交易趋势，如图8-9所示，发现由于大型促销活动期间营销策略的不同，网店与同行的交易额相差较大，但平时差距不大。因此，小艾考虑在下一次大型促销活动时调整营销策略。

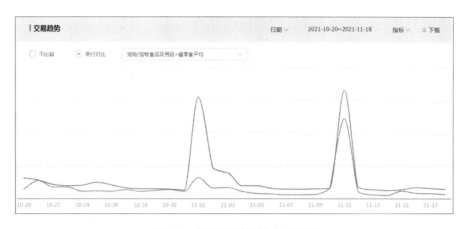

图8-9　与同行对比的交易趋势

第二步 查看并分析交易构成

接着，小艾在"交易构成"选项卡中依次查看了终端构成、类目构成等数据，以及生意参谋对各个构成数据的解读，如图8-10所示。结合这些数据，小艾发现着重投放淘宝App广告的策略是正确的，但是需要进一步优化营销策略。

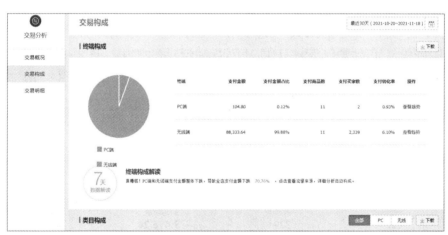

图8-10　交易构成

活动6　分析营销数据

要想调整营销策略，就需要了解各推广工具的引流情况，为此，小艾使用生意参谋提供的营销分析工具依次查看了直通车等付费推广工具和店铺营销工具的引流情况，具体步骤如下。

第一步 查看直通车推广情况

小艾首先在"直通车"选项卡中查看了直通车的推广情况，如图8-11所示，发现近7日直通车的展现量和点击量均有大幅上升，便决定暂时不调整直通车推广计划。

图8-11　直通车的推广情况

第二步 查看营销工具活动效果

接着，小艾在"营销工具"选项卡中查看近7日使用单品宝、店铺宝、搭配宝、店铺券、商品券等营销工具开展营销活动的效果，图8-12所示为商品券的相关数据。小艾发现，由于大型促销活动已经结束，近7日各营销工具的数据都有所下降，为此，小艾调整了营销工具的活动策略：使用店铺宝开展新品尝鲜优惠活动、减少商品券的发放张数并减小优惠面额。

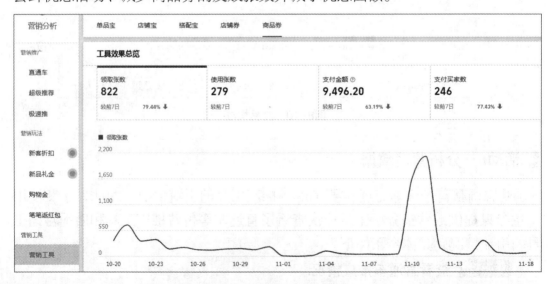

图8-12　商品券的相关数据

> **动手做**
>
> ### 使用数据作战室分析活动效果
>
> 数据作战室是生意参谋提供的活动数据分析工具，能够帮助商家实时追踪活动前、活动中、活动后的相关数据，帮助商家分析活动效果。请同学们按照下列要求使用数据作战室查看并分析活动效果
>
> （1）单击"活动分析"选项卡，依次查看当前进行的活动、全年活动日历和活动列表。
>
> （2）单击"活动对比"选项卡，选择两个活动，依次查看两个活动的概况对比、引流对比、商品对比和新支付买家数对比等情况。
>
> （3）单击"活动沉淀"选项卡，查看客群沉淀效果，包括阅读客群沉淀效果和活动客群沉淀效果。

任务二　管理网店运营团队

任务描述

随着网店的迅速发展，网店急需组建更为高效的运营团队。老李希望小艾能够协助自己组建运营团队，制订具体运营岗位的考核标准，并做好团队的日常管理工作。

任务实施

活动1　组建高效运营团队

老李要求小艾确定组建运营团队的思路。在老李的指导下，小艾决定根据网店的运营情况进行分工，划分工作岗位并明确各岗位的工作职能，具体步骤如下。

第一步 划分工作岗位

结合网店当前的运营需要和新加入员工所掌握的技能，小艾将工作岗位划分为运营推广、美工编辑、客户服务和仓储管理。

第二步 明确工作职能

小艾根据各岗位的工作需要，明确了各岗位的工作职能，具体的工作职能如表8-2所示。

表8-2　各岗位工作职能

工作岗位	职能
运营推广	1. 负责网店总体运营，包括网店营销策划、网店推广和引流 2. 负责策划网店活动，并负责执行网店相关营销活动 3. 负责网店日常维护，包括微信公众号、微信群、微博账号等的运营维护 4. 跟踪日常销售数据，分析市场行情，并制订和调整网店销售计划 5. 负责分析网店运营数据，并优化运营方案，包括优化流量结构，对消费者进行分层管理等
美工编辑	1. 负责网店商品主图、详情图等的设计和制作，对网店整体进行美化 2. 定期根据推广活动方案制作相关的首页图、商品主图等 3. 负责商品的文案编辑，包括标题文案、详情文案等的编辑
客户服务	1. 解答客户疑问、回复咨询，引导客户达成交易 2. 处理日常的订单备注、查询工作，回复客户的评论和处理客户的投诉 3. 跟踪订单，做好客户维护工作
仓储管理	1. 按规定做好商品进出库的验收、记账和发放工作 2. 保持仓内商品和环境的整洁 3. 负责商品的拣选、装车和发运工作

第三步 明确岗位人数

小艾在划分好工作岗位、明确工作职能后，进一步明确了当前网店所需的各岗位的人数，并将现有员工与岗位所需人数进行了匹配，发现需要在现有人员的基础上再招聘一名仓储管理人员，各岗位人数需求情况如表8-3所示。

表8-3　各岗位人数需求情况

工作岗位	已有人数	所需人数
运营推广	2	2
美工编辑	2	2
客户服务	2	2
仓储管理	1	2

活动2　制订岗位考核标准

为了让大家更明确自己的工作职责、提升工作质量，老李让小艾为每个岗位制订考核标准。小艾根据老李的要求，按工作内容给每个岗位制订了不同的绩效考核表。各岗位的绩效考核表分别如表8-4～表8-7所示。

表8-4 运营推广岗位绩效考核表

被考核人： 考核人： 考核时间： 年 月 日

序号	考核指标	权重	详细描述	量化标准	分值	得分
1	销售指标	40%	实际销售额与计划销售额的百分比	≥100%	100	
				[90%，100%)	90	
				[80%，90%)	80	
				[70%，80%)	60	
				<70%	10	
2	店铺转化率	20%	下单人数与访客数的百分比	≥4%	100	
				[3%，4%)	90	
				[1.5%，3%)	60	
				<1.5%	10	
3	页面停留时间	10%	平均停留时间/秒	≥600	100	
				[500，600)	90	
				[400，500)	80	
				<400	10	
4	流量管理	15%	活动申报占比	≥60%	100	
				[50%，60%)	90	
				<50%	20	
			流量占比	≥100%	100	
				[80%，100%)	80	
				<80%	20	
5	数据统计	5%	制作月度分析报表	达标	100	
				不达标	0	
			制作每日分析报表	达标	100	
				不达标	0	
6	应急处理能力	10%	处理时间（工作时间，5小时内处理；非工作时间，12小时内处理）	<5小时/12小时	100	
				≥5小时/12小时	20	
			处理件数	≥5	100	
				[2，5)	80	
				<2	10	
7	总得分					

表8-5 美工编辑岗位绩效考核表

被考核人：　　　　　　考核人：　　　　　　考核时间：　　年　月　日

序号	考核指标	权重	详细描述	量化标准	分值	得分
1	工作效率	25%	执行工作的效率	超额完成任务，并且能够提出合理的意见和建议	100	
				保质、保量、按时完成任务	90	
				平均每周剩余任务为1~3个	80	
				平均每周剩余任务大于3个	60	
2	页面停留时间	25%	消费者在网店首页、商品详情页的停留时间	≥180秒	100	
				［120秒，180秒）	90	
				［60秒，120秒）	70	
				<60秒	50	
3	访问深度	15%	网店访问深度（用户在一次浏览时平均访问页面数）	≥1.8	100	
				［1.4，1.8）	90	
				［1.2，1.4）	80	
				<1.2	50	
4	错误次数	20%	工作中出现重大错误	0次	100	
				1次	80	
				>1次	20	
5	创新力	15%	能够提出创新性且合理的建议或意见	创新意识强，工作质量大幅提升	100	
				有创新意识并将其合理应用于工作	90	
				缺乏创新意识，仅执行安排的工作	80	
				没有创新意识，中规中矩完成工作	70	
6	总得分					

表8-6　客户服务岗位绩效考核表

被考核人：　　　　　　　考核人：　　　　　　　考核时间：　　年　　月　　日

序号	考核指标	权重	详细描述	量化标准	分值	得分
1	及时响应时间	20%	客户服务人员响应客户咨询所用时间	＜10秒	100	
				［10秒，20秒）	80	
				［20秒，30秒）	50	
				≥30秒	20	
2	接待客户数量	20%	客户服务人员接待的客户数量	≥40人	100	
				［30人，40人）	90	
				［20人，30人）	80	
				［10人，20人）	70	
				＜10人	60	
3	咨询转换率	20%	客户咨询下单的比率	≥50%	100	
				［40%，50%）	90	
				［30%，40%）	80	
				［20%，30%）	70	
				［10%，20%）	50	
				＜10%	20	
4	成交额转换率	15%	客户服务人员个人成交的比率	≥40%	100	
				［30%，40%）	90	
				［20%，30%）	80	
				＜20%	70	
5	退货/换货次数	15%	客户服务人员描述不清导致退货/换货	0次	100	
				1次	90	
				＞1次	30	
			客户服务人员态度不好导致退货/换货	0次	100	
				1次	90	
				＞1次	30	
6	客户评价	10%	客户对服务质量的评价	非常满意	100	
				很满意	90	
				满意	80	
				一般	70	
				差评	0	
7	总得分					

表8-7 仓储管理岗位绩效考核表

被考核人： 考核人： 考核时间： 年 月 日

序号	考核指标	权重	详细描述	量化标准	分值	得分
1	工作能力	80%	发货出错率	≤0.1%	100	
				（0.1%，1%]	90	
				（1%，2%]	70	
				（2%，3%]	50	
				>3%	10	
			断货/缺货率	≤0.1%	100	
				（0.1%，1%]	90	
				（1%，2%]	70	
				（2%，3%]	50	
				>3%	10	
			瑕疵率（根据售后反馈和抽查结果确定）	≤0.1%	100	
				（0.1%，1%]	90	
				（1%，2%]	70	
				（2%，3%]	50	
				>3%	10	
			库存准确率	（97%，100%]	100	
				（95%，97%]	90	
				（90%，95%]	80	
				（85%，90%]	60	
				≤85%	0	
			物流服务评分	>4.9	100	
				（4.6，4.9]	80	
				（4.4，4.6]	60	
				≤4.4	0	
2	个人负责区域	10%	仓储管理人员个人负责区域的卫生及对商品、包装等物料的管理	干净、整洁、货架对应、物料标志清晰、物卡对应	100	
				干净、整洁、物料及时按相应仓位归位、物料摆放整齐	90	
				干净、物料摆放杂乱	80	
				环境脏乱、物料摆放杂乱	0	

续表

序号	考核指标	权重	详细描述	量化标准	分值	得分
3	工作态度	5%	工作的积极性	超额完成任务	100	
				按时完成任务	95	
				未按时完成任务，但态度端正	70	
				未按时完成任务，且态度恶劣	0	
4	其他能力加分	5%				
5	总得分					

 知识窗

访问深度 = 页面浏览量 ÷ 访问次数

咨询转换率 = 下单的客户数量 ÷ 总咨询量 × 100%

成交额转换率 = 个人成交金额 ÷ 客服部平均成交金额 × 100%

 **知识窗**

活动3 管理团队的日常工作

为了有效地管理团队，保证日常工作的顺利开展，老李要求小艾根据管理目的，制订奖惩制度，做好团队活动安排，具体步骤如下。

【第一步】明确管理目的

明确管理目的有利于更好地引导员工投入工作。老李和小艾确定引导员工的个人目标和团队目标保持一致是团队管理的目的。

【第二步】制订奖惩制度

为了引导员工的个人目标和团队目标保持一致，在老李的要求下，小艾制订了一系列的奖惩制度，如表8-8所示。

表8-8 各岗位奖惩一览表

岗位	奖励	惩罚
运营推广	发现网店设置中的错误，包括文字、图片、促销活动设置、直播商品链接等的错误，发现一个问题奖励0.5分	个人专业水平不过关导致失误出现、营销目的不能实现的，一次扣1分

岗位	奖励	惩罚
运营推广	发现问题后及时向领导反馈，并避免了潜在的重大损失，一次奖励1分	工作失误导致店铺被罚或降权，一次扣100分
	个人采用一定的运营技巧等使整体销售额超过既定的5%，奖励10分	
	每月评分在98分及以上的，奖励300元	每月评分在60分及以下的，扣50元
	每月评分在96分及以上、98分以下的，奖励100元	请事假，一次扣1分；无故旷工，一次扣50元
美工编辑	发现网店设置中的错误，包括文字、图片、促销活动设置、直播商品链接等的错误，发现一个问题奖励0.5分	个人专业水平不过关导致传递错误信息，或设计的图片中出现无关或错误信息，一次扣1分
	每月评分在98分及以上的，奖励300元	每月评分在60分及以下的，扣50元
	每月评分在96分及以上、98分以下的，奖励100元	请事假，一次扣1分；无故旷工，一次扣50元
客户服务	客户服务评分上涨幅度超过5%，一人加2分	在与消费者沟通时辱骂消费者，一次扣5分
	提出好的改进工作流程的建议，若采纳，一次奖励5分，未采纳则一次奖励1分	处理不当导致网店投诉纠纷率上升，一次扣1分
	每月评分在98分及以上的，奖励300元	每月评分在60分及以下的，扣50元
	每月评分在96分及以上、98分以下的，奖励100元	请事假，一次扣1分；无故旷工，一次扣50元
仓储管理	总结客户提出的问题并提出建设性改进方案，若采纳，一次奖励10分，未采纳则一次奖励2~5分	虚假发货，一次扣10分
	每月评分在98分及以上的，奖励300元	每月评分在60分及以下的，扣50元
	每月评分在96分及以上、98分以下的，奖励100元	请事假，一次扣1分；无故旷工，一次扣50元

第三步 开展团队活动

在团队活动方面，小艾根据老李的要求，决定每天开一次晨会、每周开一次例会、每月末进行一次月末总结。

老李要求每位员工每天早上就昨日的工作在晨会上进行分享，总结和分析网店的运营数据变化、活动效果、商品情况、客户评价等。

　　老李要求在每周日下午开例会，总结本周网店的运营情况、部署下周的相关工作，或者进行交流和学习。

　　老李还要求每位员工在月末进行月末总结，此时老李将对该月内每位员工、部门的绩效进行考核评估，并总结该月网店的整体运营情况，制订下一个月的运营策略和目标。

项目总结

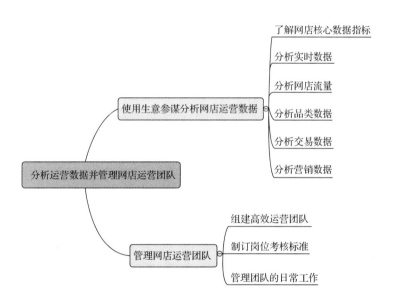